Mis à part pour Dieu

le merveilleux secret de la sainteté

Derek Prince

ISBN 978-1-78263-090-6

Originally published in English as 'Set apart for God. The beautiful secret of Holiness'.

Traduit avec permission de Derek Prince Ministries International USA, P.O. Box 19501, Charlotte, North Carolina 28219-9501, USA.

Traduit par Florence Boyer

Sauf autre indication, les citations bibliques de cette publication sont tirées de la traduction Louis Segond "Nouvelle Edition".

Publié par Derek Prince Ministries France, 2012.

Dépôt légal: 3e trimestre 2012.

Couverture faite par Damien Baslé, www.damienbasle.com

Note de l'Editeur: Ce livre résulte d'une compilation d'archives d'enseignements non publiés de Derek Prince et est édité par l'équipe de Derek Prince Ministries.

Imprimé en France par IMEAF, 26160 La Bégude-de-Mazenc - 93746.

Pour tout renseignement:

DEREK PRINCE MINISTRIES FRANCE

Route d'Oupia, B.P.31, 34210 Olonzac FRANCE

tél. (33) 04 68 91 38 72 fax (33) 04 68 91 38 63

E-mail info@derekprince.fr * www.derekprince.fr

Préface

Avant que vous ne commenciez à lire "Mis à part pour Dieu: le merveilleux secret de la sainteté" de Derek Prince, j'aimerais faire quelques remarques qui pourront vous être utiles. Voici quelques commentaires au sujet du livre que vous allez lire et le processus qui a permis que vous l'ayez entre les mains.

Premièrement, le sujet. Nous croyons que vous serez encouragé par la perspective positive que Derek donne à ce sujet souvent négligé et mal traité. Cela ne vous étonnera probablement pas si je vous dis que tout le monde n'est pas désireux de lire un livre sur le sujet de la sainteté. Au contraire, la réaction instinctive de beaucoup est d'éviter le sujet, soit parce qu'ils le perçoivent comme empreint de religiosité, soit parce qu'ils pensent que c'est un sujet trop exigeant, soit tout simplement parce que la perspective de vivre une vie de sainteté leur semble totalement impossible. (Alors pourquoi même essayer ?)

De telles réactions sont très compréhensibles. A certains égards, ce sont certaines de ces raisons qui ont fait que ce livre a mis si longtemps à voir le jour.

La sainteté est un concept qui a été pendant des années galvaudé dans l'Eglise, dans la pensée et la pratique chrétiennes. En fait, comme Derek le fait lui-même remarquer dans ce livre, la plupart des chrétiens considèrent, à tort, qu'une vie sainte consiste à strictement adhérer à une liste de règles -la plupart négatives (une liste de: "il ne faut pas") qui doivent être observées si on veut être "à la hauteur" de Dieu.

C'est d'une façon rafraîchissante que Derek dissipe cette mauvaise conception par une approche complètement différente de la sainteté comme étant une expression de notre relation avec le Seigneur. Il nous dit non seulement ce que la sainteté n'est pas, mais également ce qu'elle doit vraiment être.

Voici donc simplement un rapide aperçu pour vous donner envie de vous plonger profondément dans ce livre afin de poursuivre votre but pour être mis à part pour Dieu et pour découvrir "le merveilleux secret de la sainteté." Derek a fait ce constat étonnant: "La sainteté ce n'est pas juste suivre une série de règles négatives. C'est une force positive, puissante. En fait, je crois que la sainteté est la force la plus puissante à l'œuvre dans l'univers."

Deuxièmement, le processus. Les gens se demandent souvent comment il est possible de continuer à publier de 'nouveaux' livres de Derek Prince alors que cela fait des années qu'il est mort. (Comme vous le savez sans doute, Derek Prince est décédé le 24 septembre 2003 après avoir exercé un ministère d'enseignement de la parole de Dieu dans le monde entier durant plus de soixante ans.)

Vous vous êtes peut-être posé la même question. Si c'est le cas, permettez-moi de vous expliquer succinctement comment nous procédons à la publication de nouveaux ouvrages. Vous avez sans doute remarqué la note explicative qui se trouve au début de chaque livre: "Note de l'éditeur: ce livre est une compilation des archives de Derek Prince à partir de textes non encore publiés et édités par l'équipe éditoriale de Derek Prince Ministries."

De manière étonnante, les archives débordent de messages audio issus du prolifique enseignement biblique de Derek Prince. Beaucoup de ces messages sont bien plus pertinents et actuels aujourd'hui que quand ils ont été délivrés pour la première fois. En conséquence, nous sentons d'autant plus l'urgence de les imprimer pour les mettre à disposition du corps de Christ.

L'équipe éditoriale, qui comprend des représentants des bureaux DPM dans différentes parties du monde, discute régulièrement des oeuvres à préparer pour la publication. Nous avons toujours en vue que l'œuvre sera ensuite traduite pour être distribuée à travers de nombreuses nations.

Dans le cas de ce livre, la communauté internationale DPM a longtemps espéré la publication de ce livre de Derek Prince sur la sainteté. Durant de nombreuses années il a essayé d'écrire ce livre car c'était un thème qui était cher à son cœur. Mais des ouvrages sur d'autres sujets importants se sont à chaque fois mis devant ce livre sur l'échelle de ses priorités.

Les discussions concernant la publication d'un livre sur la sainteté ont continué après la mort de Derek Prince en reconnaissant qu'en réalité un livre sur ce thème ardu ne serait peut-être pas très bien perçu (pour toutes les raisons citées plus haut) Le souci étant que peu de chrétiens envisageraient sérieusement de lire un livre sur la sainteté.

Derek lui-même ne partageait pas cet avis. Son opinion souvent exprimée (qui aurait bien pu être le titre du livre) était la suivante: *la sainteté n'est pas une option.* (Comme vous le voyez, Derek ne marchait pas ses mots.) Finalement, nous nous sommes jetés à l'eau non seulement sur le sujet mais aussi dans l'utilisation du mot sainteté dans le sous-titre – en l'incorporant à une expression que Derek Prince avait utilisée quelque part: "Le merveilleux secret de la sainteté."

C'est dans ce contexte que nous mettons devant vous l'œuvre définitive de Derek Prince: "*Mis à part pour Dieu: le merveilleux secret de la sainteté.*"

Nous espérons que vous ne lâcherez pas ce livre avant d'avoir découvert ce merveilleux secret. Que Dieu utilise les paroles de Derek pour vous aider à réaliser comment vous avez été 'mis à part pour Dieu' dans ces temps historiques et plein de défis. Que Dieu vous inspire à travers ces paroles pour avoir un impact sur le monde qui vous entoure en tant que disciple de celui qui est saint - notre Seigneur Jésus-Christ.

L'équipe éditoriale de Derek Prince Ministries

TABLE DES MATIERES

INTRODUCTION

La sainteté est unique parmi les grands thèmes de l'Ecriture. Aucun autre livre dans le monde ne révèle la nature de la sainteté comme le fait la Bible. Mais ce thème a longtemps été négligé parmi certains groupes du peuple de Dieu, c'est pourquoi il y a eu relativement peu d'enseignement sur ce sujet.

A la poursuite de la sainteté

A un certain moment de mon ministère, je me préparais à donner une série de messages intitulés "A la poursuite de la sainteté" à partir du texte d'Hébreux 12:14: *Recherchez la paix avec tous, et la sanctification sans laquelle personne ne verra le Seigneur.* Durant la préparation, j'ai réfléchi à mon passé. A cette époque je prêchais depuis plus de cinquante ans, et j'avais annoncé la Parole à des gens de toutes sortes de dénominations et de milieux ethniques dans plus de quarante-neuf nations. Malheureusement, je n'ai pas souvenir d'un groupe qui vraiment ait eu le désir de poursuivre la sainteté.

Peut-être que ma mémoire me joue des tours. Ou peut-être que je juge mal les gens. Mais je n'arrive pas à me souvenir d'avoir été dans une assemblée ou parmi un groupe de personnes dont j'aurais pu dire avec certitude qu'ils recherchaient la sainteté d'une façon sérieuse.

La sainteté a disparu de notre vocabulaire chrétien

J'ai l'impression que dans les années de la Première Guerre mondiale, certains sujets sont carrément sortis de la pensée des chrétiens occidentaux et ne sont jamais vraiment réapparus. La sainteté fait partie de ces sujets. En fait, le mot 'sainteté' semblait avoir disparu du vocabulaire chrétien (ainsi que d'autres termes comme 'sacrifice' et 'abnégation'). Le résultat d'une telle négligence est toujours désastreux pour le peuple de Dieu parce que comme nous allons le voir, la sainteté est l'essence de ce que Dieu est et ce à quoi nous devons tendre. *Mais puisque celui qui vous a appelés est saint, vous aussi soyez saints dans toute votre conduite, selon qu'il est écrit: vous serez saints car je suis saint.* (1 Pierre 1:15-16)

Il y a bien entendu, certains groupes dans le corps universel de Christ qui ont des noms liés au mot 'sainteté'. Pourtant, j'ai observé que bien souvent la présentation de la sainteté dans ces groupes correspondait essentiellement à une liste de règles à observer et souvent sans que celles-ci aient un véritable fondement biblique.

Dieu est saint mais pas parce qu'il a érigé un nombre de règles qu'il suit. Suivre une série de règles ne va d'ailleurs pas vous rendre saint -même si par ailleurs ce sont de bonnes règles. Vous pouvez décider de les suivre. Mais encore une fois ce n'est pas ce qui va vous rendre saint. J'en conclus que la sainteté n'a presque rien à voir avec le fait d'observer des règles et des règlements. C'est en rapport avec le fait de partager la nature divine à travers Christ en entrant dans une relation avec le Dieu qui nous aime, en découvrant ce à quoi il nous appelle, et en accomplissant cet appel dans notre vie. Je crois que cette vérité va devenir claire pour vous alors que vous lirez *Mis à part pour Dieu: le merveilleux secret de la sainteté.*

Chapitre 1

Qu'est-ce que la sainteté ?

Pour commencer à répondre à cette question essentielle, permettez-moi de vous dire ce qu'elle n'est pas. Comprendre ce que n'est pas la sainteté est une étape importante pour comprendre ce qu'elle est, car beaucoup de chrétiens ont cette même idée fausse sur la sainteté que j'ai mentionnée dans l'introduction de ce livre: en résumé la sainteté serait une série de règles concernant les lieux que vous pouvez fréquenter, ce que vous pouvez manger et la façon dont vous devez vous habiller. Traditionnellement c'était là l'image de la sainteté pour un grand nombre de gens. Pourtant l'apôtre Paul a souligné le fait que se soumettre à des règlements n'a rien à voir avec la sainteté. Dans Colossiens 2, il écrit:

Si vous êtes morts avec Christ aux rudiments du monde, pourquoi comme si vous viviez dans le monde, vous impose-t-on ces préceptes: Ne prends pas ! Ne goûte pas ! Ne touche pas ! Préceptes qui tous périssent par l'usage, et qui ne sont fondés que sur les ordonnances et les doctrines des hommes ? Ils ont, à la vérité, une apparence de sagesse en ce qu'ils indiquent un culte volontaire, de l'humilité, et le mépris du corps, mais ils sont sans aucun mérite et contribuent à la satisfaction de la chair. (versets 20-23)

Ce que Paul affirme ici est profondément vrai. Plus vous vous centrez sur ce que vous ne devez pas faire, plus ces pratiques ont de l'influence sur vous. *Ils sont sans mérite et contribuent à la satisfaction de la chair.* Peut-être que vous vous répétez: "Je ne dois pas m'énerver, je ne dois pas m'énerver, je ne dois pas m'énerver." Qu'est-ce que vous faites ensuite ? Vous vous énervez. Pourquoi ? Parce que vous vous centrez sur ce qui est mauvais.

Franchement, exhiber une croyance selon laquelle la sainteté signifie des règles et des règlements, fait fuir les gens. "Si c'est ça la sainteté", disent-ils "je n'en veux pas."

Laissez-moi vous prouver qu'une liste d'interdits n'est pas la sainteté que la Bible décrit. Regardons tout d'abord Hébreux 12:10 qui parle de la discipline que Dieu le Père exerce envers ses enfants:

Nos pères nous châtiaient pour peu de jours comme ils le trouvaient bon ; mais Dieu nous châtie pour notre bien afin que nous participions à sa sainteté;

Il est clair que les règles ne sont pas la définition biblique de la sainteté divine. Encore une fois, Dieu est saint, mais non pas à cause d'une série de règles qu'il a établies pour maîtriser sa conduite. La discipline dont il est question ici est en relation avec le partage de la nature de Dieu à travers une relation avec lui.

La sainteté est l'aspect sans égal de la nature de Dieu

A travers les âges, prédicateurs et théologiens ont donné beaucoup d'interprétations et de définitions de la sainteté. Permettez-moi de vous donner tout de suite ma propre définition qui est toute simple: *la sainteté est l'unique aspect de la nature de Dieu sans aucun équivalent nulle part dans l'univers.*

Dans la Bible, nous trouvons beaucoup d'aspects différents de la nature de Dieu. Il nous est dit que Dieu est sage. Il est omniscient. Il est juste. Il est puissant. Il est aimant. Nous voyons clairement ces attributs de la nature de Dieu: la sagesse, la connaissance, la justice, la puissance et l'amour. Dans le monde autour de nous, nous pouvons voir des exemples qui illustrent d'une certaine façon ces caractéristiques. Nous voyons des gens que nous estimons sages. Nous voyons des gens dont il est évident qu'ils ont une grande connaissance. Nous voyons des aspects de la justice. Nous comprenons le concept de puissance. Et dans une certaine mesure nous savons tous ce qu'est l'amour.

Mais il n'en est pas de même de la sainteté. Il n'y a rien sur le plan humain en dehors de Dieu et de son peuple qui puisse se proclamer saint. La sainteté de Dieu est unique.

Ainsi, pour comprendre la sainteté, il faut connaître Dieu. Une personne qui ne connaît pas Dieu n'a aucune idée de ce qu'est la sainteté. C'est une bonne manière de faire la différence entre ceux qui connaissent Dieu et ceux qui ne le connaissent pas. Vous ne pouvez pas les distinguer par leur dénomination. Vous ne pouvez pas toujours les distinguer par leur langage, parce que certaines personnes sont des religieux professionnels qui utilisent des expressions religieuses 'appropriées'. Mais quand vous trouvez quelqu'un qui a une conception de la sainteté, vous trouvez quelqu'un qui a rencontré Dieu -parce que sans Dieu, il n'y a pas de sainteté.

Tout le chapitre trente des Proverbes est une prophétie plutôt étrange d'un homme appelé Agur. Nous ne savons rien de lui à part ce qui est dit de lui dans ce chapitre. Mais dans les versets qui suivent Agur dit de lui :

Certes, moi je suis plus stupide que personne, et je n'ai pas l'intelligence d'un homme ; et je n'ai pas appris la sagesse, ni ne possède la connaissance du Saint.

Vous voyez, "*la connaissance du Saint*", c'est-à-dire la connaissance de Dieu, celui qui est Saint, est essentielle pour connaître la sainteté. Peu importe notre éducation, notre culture, sans la connaissance du saint, en un sens, on est juste un animal. On est stupide.

Agur dit de lui en essence : "Je vis sur le plan animal." C'est vraiment la révélation de la sainteté de Dieu qui élève l'homme à un plan supérieur aux animaux.

La sainteté est l'essence de Dieu

J'aimerais que vous considériez que la sainteté est l'essence de ce que Dieu est et que lui seul est saint. Personne n'est saint à part Dieu. *Car toi seul tu es saint.* (Apocalypse 15:4). Rien ni personne d'autre n'est saint. Qui plus est, tout en Dieu est saint. Alors encore une fois pour avoir une compréhension de la sainteté, nous devons avoir une compréhension de Dieu : qui il est et à quoi il ressemble.

Dans les chapitres qui suivent, je vais vous donner une vue d'ensemble des attributs de Dieu. Il se trouve qu'il y a sept attributs généraux et cela me satisfait et me conforte dans l'idée que je suis sur la bonne voie, car sept est le nombre de la perfection dans la Bible. Je crois que la sainteté est le récapitulatif de tous les attributs de Dieu.

En un sens, la sainteté ne peut pas vraiment s'expliquer ou se définir comme on pourrait le faire pour d'autres concepts. Elle ne peut qu'être révélée. Il n'y a pas d'autre façon pour comprendre la sainteté que la révélation directe de Dieu. (Voir 1 Corinthiens 2:9-12)

Sept attributs de Dieu

1. la lumière

2. l'amour

Nous commencerons en regardant les deux premiers attributs: la lumière et l'amour. Dieu est lumière. Dans 1 Jean 1:5 Jean dit:

La nouvelle que nous avons apprise de lui, et que nous vous annonçons, c'est que Dieu est lumière et qu'il n'y a point en lui de ténèbres.

Ce n'est pas simplement que Dieu a créé la lumière ou qu'il l'a envoyée. Il est lui-même lumière.

Plus loin dans la même épître, nous voyons l'attribut suivant de Dieu:

Celui qui n'aime pas n'a pas connu Dieu car Dieu est amour...et nous, nous avons connu l'amour que Dieu a pour nous et nous y avons cru. Dieu est amour, et celui qui demeure dans l'amour demeure en Dieu et Dieu demeure en lui. (1 Jean 4:8, 16).

Dieu est à la fois lumière et amour. John Wesley a suggéré une définition de la sainteté: 'parfait amour'. C'est une pensée merveilleuse mais je ne crois pas que ce soit une définition adéquate. Dieu est à la fois lumière et amour.

Nous reconnaissons aussi qu'il existe une tension entre la lumière et l'amour. La lumière est un moyen d'exposer vos fautes, et à ce titre elle est effrayante. L'amour, lui, vous attire. Nous voyons cette même tension dans notre relation avec Dieu. Nous voulons nous approcher de lui mais nous ne nous sentons pas toujours capables d'affronter la lumière de sa vérité.

3. Justice/jugement

Dieu est aussi un Dieu de justice et de jugement. Ces traits font complètement partie de sa nature. Dans le cantique de Moïse, dans Deutéronome 32, Moïse souligne la justice de Dieu:

Car je proclamerai le nom de l'Eternel. Rendez gloire à notre Dieu ! Il est le rocher, ses oeuvres sont parfaites ; car toutes ses voies sont justes ; c'est un Dieu fidèle et sans iniquité, il est juste et droit. (versets 3-4)

Beaucoup de gens accusent souvent Dieu d'injustice à cause des circonstances ou des situations dans lesquelles ils se trouvent. Mais la Bible dit qu'il n'y a pas d'injustice en Dieu. Il est parfaitement juste. C'est un Dieu de vérité et de justice. Je me réfère souvent aux paroles d'Abraham dans Genèse 18, quand il a plaidé avec Dieu en faveur de Sodome:

Faire mourir le juste avec le méchant, en sorte qu'il en soit du juste comme du méchant, loin de toi cette manière d'agir ! Loin de toi ! Celui qui juge toute la terre n'exercera-t-il pas la justice ? (Genèse 18:25)

Dieu est ainsi. Il est le juge de toute la terre et il fait toujours ce qui est juste. Il n'y a en lui ni injustice ni iniquité. Nous sommes parfois tentés de croire que Dieu est injuste, mais les Ecritures affirment avec force que cette croyance est erronée.

4. La colère, le courroux

L'attribut suivant est représenté par deux noms: la colère et le courroux. La chrétienté actuelle accorde très peu de place à ces caractéristiques alors qu'elles sont très importantes. Dieu est un Dieu de colère et de courroux. Le premier chapitre du livre de Nahum est une présentation vraiment remarquable de cette vérité. Il commence brutalement laissant peu de place aux formules de politesse.

L'Eternel est un dieu jaloux, il se venge ; l'Eternel se venge il est plein de fureur ; l'Eternel se venge de ses adversaires, il garde rancune à ses ennemis. (verset 2)

Nous y sommes. L'Eternel est en colère, il est furieux et il se venge. C'est une partie de sa nature divine et éternelle. Franchement, si nous laissons cette partie de côté nous ne présentons pas la véritable image de Dieu. Aujourd'hui, nous pensons que si Dieu doit juger quelqu'un ou quelque chose, il devrait au moins avoir notre approbation avant de le faire. Ca ne marche pas comme ça. Ceux qui pensent cela vont connaître un réveil brutal.

Nous trouvons une affirmation similaire dans un passage d'Apocalypse 14 qui décrit le jugement de Dieu sur l'Antéchrist ou la Bête et sur ceux qui la suivent:

Et un autre, un second ange suivit en disant: elle est tombée, elle est tombée, Babylone la grande, qui a abreuvé toutes les nations du vin de la fureur de son impudicité ! Et un autre, un troisième ange, les suivit, en disant d'une voix forte: si quelqu'un adore la bête et son image et reçoit une marque sur son front ou sur sa main, il boira, lui aussi, du vin de la fureur de Dieu, versé sans mélange dans la coupe de sa colère et il sera tourmenté dans le feu et le soufre devant les saints anges et devant l'Agneau. Et la fumée de leur tourment monte aux siècles des siècles ; et ils n'ont de repos ni jour ni nuit, ceux qui adorent la bête et son image, et quiconque reçoit la marque de son nom. (Apocalypse 14:9-11)

Remarquez que ces transgresseurs seront tourmentés dans la présence de l'Agneau; cette image ne colle pas avec la vision actuelle d'un Jésus 'docile, doux et gentil.' Mais la colère et le courroux décrits plus haut font partie de son caractère divin et éternel. Il est juge.

A cet égard, je pense à l'apôtre Jean. Lors de la Cène, il a incliné sa tête sur la poitrine de Jésus et il lui a demandé qui allait le trahir. (Voir Jean 13:21-25) Dans cette position, Jean s'est approché très près de Jésus. Mais dans Apocalypse 1, quand Jean a eu la vision de Jésus en juge, *'il tomba à ses pieds comme mort.'* (verset 17) Vous voyez, il y a beaucoup de facettes au caractère et à la personnalité de Dieu et de Jésus. Le jugement et la colère font partie de sa nature éternelle. Bien plus, le jugement qu'il prononce est éternel: *'Et ils seront tourmentés jour et nuit, aux siècles des siècles.'* (Apocalypse 20:10)

Il circule une théorie selon laquelle Dieu est trop miséricordieux pour imposer un jugement éternel à quiconque. Selon cette vision erronée, même si les gens ne se sont pas réconciliés avec lui, ils ne seront pas punis à la fin. Ce n'est tout simplement pas biblique. En fait c'est faux. C'est en outre une croyance très dangereuse. Je n'entretiendrais jamais une telle pensée en particulier à cause de ce qui est écrit à la fin du livre de l'Apocalypse. Ce passage est tout près de la conclusion du dernier chapitre du livre, juste avant les deux derniers versets. Le Seigneur dit:

Je le déclare à quiconque entend les paroles de la prophétie de ce livre: si quelqu'un y ajoute quelque chose, Dieu le frappera des fléaux décrits dans ce livre ; et si quelqu'un retranche quelque chose des paroles du livre de cette prophétie, Dieu retranchera sa part de l'arbre de la vie et

de la ville sainte, et des choses qui sont écrites dans ce livre.
(Apocalypse 22:19-20)

S'il y a quelque chose de clair dans le livre de l'Apocalypse, c'est que le jugement éternel est une réalité. Loin de moi l'idée de négliger cette vérité. Je n'aimerais pas que mon nom soit effacé du livre de vie.

C'est une question très importante pour nous aujourd'hui. La philosophie de 'l'humanisme' est tellement auto satisfaisant, laxiste même je dirais. Elle ne présente pas la réalité des choses.

Je pensais que l'humanisme était une erreur relativement inoffensive. Quand j'ai consulté un dictionnaire j'ai été déconcerté par sa définition:

'Refus de toute puissance ou valeur morale supérieure à celle de l'humanité. Rejet de la religion en faveur d'une croyance dans l'avancement de l'humanité par ses propres efforts.'

J'ai réalisé que l'humanisme n'était pas neutre spirituellement. Au contraire, c'est un refus délibéré et le rejet de la puissance et de l'autorité de Dieu. C'est une philosophie anti religieuse. C'est peut-être pour cela qu'elle est souvent enseignée dans les systèmes éducatifs publics tels que le nôtre qui interdit l'enseignement de la religion.

En fait, le laxisme de la pensée humaniste nous a amené à un stade dans notre société où le criminel est mieux traité que la victime. Pourquoi ? Parce que nous ne voulons pas émettre de jugement.

Pourquoi ne voulons-nous pas émettre de jugement ? Voici mon opinion: secrètement, nous savons dans nos cœurs que s'il y a un jugement pour cette personne, il y en aura aussi un pour nous. Puisque je ne veux donc pas de jugement sur lui (et donc sur moi), j'adapte ma vision de Dieu. Mais Dieu ne rentre pas dans ce jeu là.

5. Miséricorde/bonté

Un autre grand attribut de Dieu est représenté par ces mots: miséricorde et bonté. Le mot hébreu *chesed* n'est pas toujours traduit ainsi dans les autres versions de la Bible. Par exemple il a été traduit par 'grand amour' et 'amour inébranlable'. En étudiant le mot *chesed*, j'en suis arrivé à la conclusion qu'il signifiait réellement 'la fidélité de Dieu à garder son alliance'. La fidélité de Dieu à son alliance est l'un de ses grands attributs.

Le Psaume 51 est une prière de David. Elle a été faite, comme vous le savez sans doute, dans un temps de grande détresse, alors que son âme était en jeu, quand ses péchés (l'adultère avec Bath-Schéba et le meurtre de son mari Uri) avaient été découverts. Nous pouvons remercier Dieu parce que David savait qui prier et sur quelle base ; cela nous aide dans notre compréhension de la bonté de Dieu. Voici la prière de repentance de David:

O Dieu aie pitié de moi dans ta bonté ; selon ta grande miséricorde, efface mes transgressions. (Psaume 51:3)

'Dans ta bonté' signifie 'selon ta fidélité à garder ton alliance'. David disait à l'Eternel: 'Tu t'es engagé à me pardonner, si je remplis les conditions. J'en appelle à toi sur cette base.' Combien il est important pour nous de pouvoir nous approcher de Dieu sur cette base.

On peut trouver le même principe dans d'autres psaumes, comme dans le premier verset du Psaume 106:

Louez l'Eternel ! Louez l'Eternel car il est bon, car sa miséricorde (chesed: sa bonté, sa fidélité à son alliance) *dure à toujours.*

Dans le Psaume 107, on retrouve la même affirmation de reconnaissance: *Louez l'Eternel car il est bon, car sa miséricorde* (chesed) *dure à toujours.* (verset 1) On voit également le mot chesed dans l'exclamation répétée qui suit et qu'on retrouve quatre fois dans ce psaume:

Qu'ils louent l'Eternel pour sa bonté (chesed) et pour ses merveilles en faveur des fils de l'homme ! (versets 8, 15, 21, 31)

Enfin, dans le dernier verset du Psaume 107, nous retrouvons le mot chesed:

Que celui qui est sage prenne garde à ces choses, et qu'il soit attentif aux bontés (chesed) *de l'Eternel.* (verset 43)

6. La grâce

Dieu est aussi un Dieu de grâce. L'auteur des Hébreux dit:

Approchons-nous donc avec assurance du trône de la grâce afin d'obtenir miséricorde et de trouver grâce pour être secourus dans nos besoins. (Hébreux 4:16)

Ce verset nous dit que nous avons besoin de la miséricorde mais que nous avons aussi besoin de la grâce. Prenons un moment pour comprendre ce que la Bible dit sur la grâce. La première chose, c'est que la grâce ne peut pas se gagner ; c'est un don de Dieu. Si vous pouviez la gagner ce ne serait plus la grâce. Ainsi les gens religieux ont un vrai problème, parce qu'ils croient qu'ils doivent tout mériter. C'est pourquoi ils ont tendance à se détourner de la grâce de Dieu. Paul a dit: *'Si c'est par les oeuvres, ce n'est plus la grâce.' Et si c'est par la grâce, ça ne peut pas être par les oeuvres.'* (Voir Romains 4:4-5)

Vous ne pouvez pas mériter la miséricorde ni la grâce. Quand l'auteur des Hébreux dit: *'Approchons-nous donc avec assurance du trône de la grâce afin d'obtenir miséricorde et de trouver grâce, pour être secourus dans nos besoins.'* (Hébreux 4:16), il reconnaît que nous avons besoin de miséricorde pour le passé et de la grâce pour l'avenir. Pourquoi ? Parce que c'est seulement par la grâce de Dieu que nous pouvons devenir tel qu'il le veut et vivre selon ses exigences.

7. La puissance

Le dernier des sept attributs de Dieu est la puissance. La Bible est remplie de passages qui décrivent la puissance de Dieu. Regardons un exemple dans le Psaume 93:

L'Eternel règne, il est revêtu de majesté, l'Eternel règne il est ceint de force ; aussi le monde est ferme, il ne chancelle pas. Ton trône est établi dès les temps anciens ; tu existes de toute éternité. Les fleuves élèvent, ô Eternel, les fleuves élèvent leur voix, les fleuves élèvent leurs ondes retentissantes. Plus que la voix des grandes, des puissantes eaux, des flots impétueux de la mer, l'Eternel est puissant dans les lieux célestes. (versets 1-4)

Pour terminer ce chapitre, rappelons les sept aspects de la nature éternelle de Dieu:

1.   Lumière

2.   Amour

3. Justice/ Jugement

4. Colère/Courroux

5. Miséricorde/Bonté (fidélité à garder son alliance)

6. Grâce

7. Puissance

Je crois sans le moindre doute que la sainteté de Dieu renferme tous ces attributs.

Chapitre 2

'Saint, saint, saint'

La Bible toute entière, du début à la fin souligne la sainteté de Dieu. Pourtant, la traduction biblique voile de nombreux faits concernant la sainteté. Certains mots qui concernent la sainteté sont liés ensemble dans le grec original du Nouveau Testament mais ne sont pas clairement liés dans les versions traduites. Elles traduisent ces mots par *sacré, saint* et *sanctification*. Si vous pouviez lire le Nouveau Testament en grec, la relation directe entre ces mots serait évidente par leur racine. C'est pour cela que je veux prendre quelques instants pour expliquer comment ces mots sont liés.

Le mot grec de base normalement traduit par *saint* est *hagios*. Dans la version française, quand vous trouvez le mot *saints*, c'est simplement le pluriel de l'adjectif *saint*. Ainsi, *saints* signifie *ceux qui sont saints*. (Je suis sûr que beaucoup de chrétiens sincères n'ont jamais réalisé la véritable signification du mot *saint*.)

Nous avons ensuite le mot *sanctifier*. Il n'est pas nécessaire d'être professeur de français pour comprendre que tout mot qui se termine en français par 'i-e-r' signifie 'faire quelque chose qui se trouve avant la terminaison i-e-r'. Par exemple, le verbe *purifier* signifie 'rendre pur.' *Clarifier* signifie 'rendre clair.' *Rectifier* signifie 'rendre droit'. De la même façon, sanctifier signifie *rendre saint*. Cela n'a pas beaucoup de sens si nous ne comprenons pas que 'sanct' est le même mot que *saint*.

En allemand ainsi que dans les langues scandinaves, Saint Jean, Saint Luc et les autres 'saints' sont appelés Sankt Johann, Sankt Lucas, etc. Ainsi la signification est plus claire. *Sanctifier* signifie *rendre sanct* ou *rendre saint*. *Saint* signifie sacré, ainsi *sanctifier* signifie rendre sacré. C'est très simple. Le mot *sanctification* désigne le processus qui permet de devenir saint.

Beaucoup de chrétiens ont peur d'un mot tel que *sanctification*. Il semble si théologique, si difficile et déplaisant qu'ils veulent l'éviter. Mais le mot *saint* a une beauté qui m'attire. C'est cette beauté que je veux vous transmettre dans ce livre.

Pour la compréhension future, souvenons-nous que *saints* signifie ceux qui 'sont sacrés'. *Sanctifier* c'est rendre saint (saint ou sacré). Et *sanctification* c'est simplement rendre saint. Nous utiliserons ces termes de façon interchangeable à partir de maintenant. Autrement dit, quand j'utilise le mot *sanctifier*, je crois que vous comprendrez que cela signifie 'rendre saint'.

Haut et élevé

Dans les deux chapitres suivants, nous allons voir certains passages clés dans l'Ecriture qui parlent de la sainteté de Dieu. Nous allons commencer par la description de la sainteté de Dieu qui se trouve dans Esaïe 6. Ce passage décrit une vision qu'a eue le prophète Esaïe: il a vu le Seigneur sur son trône de gloire. Si je comprends bien le livre d'Esaïe, le prophète était déjà un homme de Dieu bien au-dessus des gens de sa génération avant de recevoir cette merveilleuse vision. Toutefois, la vision a eu un immense impact sur lui, comme vous allez le voir. Commençons par les deux premiers versets:

L'année de la mort du roi Ozias, je vis le Seigneur assis sur un trône très élevé, et les pans de sa robe remplissaient le temple. Des séraphins se tenaient au-dessus de lui ; ils avaient chacun six ailes ; deux dont ils se couvraient la face, deux dont ils se couvraient les pieds et deux dont ils se servaient pour voler. (Esaïe 6:1-2)

Considérons un moment la signification des séraphins, ces créatures qu'Esaïe a vues. Nous noterons en passant qu'ils sont aussi révélés dans un passage parallèle du quatrième chapitre du livre de l'Apocalypse. Seraph, (le singulier de séraphin) signifie en hébreu 'ce qui brûle'. Ce sont ceux qui brûlent.

Les séraphins ont six ailes: quatre pour adorer, deux pour le service. Remarquez que dans ce verset l'adoration vient en premier et le service en deuxième. Avec deux ailes ils couvraient leur face dans l'adoration et la révérence. Avec deux autres ailes, ils se couvraient les pieds dans l'adoration et la révérence. Ils utilisaient les deux ailes restantes pour voler pour le service. C'est le bon ordre et la bonne proportion. L'adoration vient avant le service. Dans beaucoup d'Eglises aujourd'hui, on n'apprécie peu l'adoration mais on assiste à une frénésie d'activités avec très peu d'efficacité dans le service.

Trois fois saint

Continuons dans Esaïe 6:

Ils criaient l'un à l'autre et disaient: Saint, saint, saint est l'Eternel des armées ! Toute la terre est pleine de sa gloire ! Les portes furent ébranlées dans leurs fondements par la voix qui retentissait et la maison se remplit de fumée. (versets 3-4)

Nous voyons à partir de ce passage que dans le ciel tout entier on rappelle sans cesse la sainteté de Dieu. Dans l'éternité, le rappel de sa sainteté est mis en avant. L'impact de la qualité de la sainteté du Dieu Tout Puissant est tel que même le temple céleste vibre et tremble.

Esaïe a été emmené au ciel, et il a eu cette vision de l'adoration dans la présence de Dieu ; il a vu les séraphins, - ces créatures brûlantes et ardentes. En écoutant il les entendit: *Ils criaient l'un à l'autre et disaient: Saint, saint, saint est l'Eternel des armées !*

Esaïe 6:3 est l'un des deux seuls passages de la Bible dans lequel l'adjectif 'saint' s'applique trois fois à Dieu. On retrouve cette même idée dans le livre de l'Apocalypse où nous voyons comment Jean a lui aussi été enlevé au ciel. Il a aussi entendu les cris des séraphins. Ils ne sont pas appelés séraphins dans le passage de l'Apocalypse mais ce sont les mêmes créatures. Dans l'Apocalypse, ils sont appelés 'les êtres vivants'.

Les quatre êtres vivants ont chacun six ailes, et ils sont remplis d'yeux tout autour et au dedans. Ils ne cessent de dire jour et nuit: Saint, saint, saint est le Seigneur Dieu, le Tout-Puissant, qui était, qui est et qui vient ! Quand les êtres vivants rendent gloire et honneur et actions de grâces à celui qui est assis sur le trône, à celui qui vit aux siècles des siècles, les vingt-quatre vieillards se prosternent devant celui qui est assis sur le trône, et ils adorent celui qui vit aux siècles des siècles et ils jettent leurs couronnes devant le trône, en disant: tu es digne, notre Seigneur et notre Dieu de recevoir la gloire et l'honneur et la puissance. (Apocalypse 4:8-11)

Encore une fois 'saint' est le seul mot qui est utilisé trois fois pour décrire Dieu, à la fois dans l'Ancien Testament et dans le Nouveau.

Dans l'Ancien Testament, le séraphin crie: *Saint, saint, saint est l'Eternel des armées* (Esaïe 6:3) Dans le Nouveau, les êtres vivants crient: *Saint, saint, saint est le Seigneur Dieu, le Tout-Puissant.* (Apocalypse 4:8)

Je crois qu'il y a une signification à cette triple répétition et elle est en rapport avec la tri-unité ou trinité de Dieu. Cela signifie que le Père est saint, que le Fils est saint et que l'Esprit est saint. Personne d'autre n'est saint ; la sainteté ne peut décrire que Dieu. Ainsi, comme nous l'avons vu plus haut, nous pouvons comprendre ou devenir participant à la sainteté que si nous nous associons à Dieu lui-même. La sainteté résume son être tout entier. Quand nous voyons que la Bible utilise le mot 'saint' trois fois pour décrire Dieu, nous réalisons que *saint* est le mot qui le décrit vraiment. A ma connaissance, le mot n'est jamais utilisé, à part pour faire référence à Dieu. En allant plus loin, nous verrons que la sainteté n'est pas optionnelle. Comme les Ecritures nous le disent *Sans la sanctification, personne ne verra le Seigneur.* (Hébreux 12:14)

Un homme aux lèvres impures

Regardons la réaction d'Esaïe face à la sainteté de Dieu:

Alors je dis: Malheur à moi ! Je suis perdu, car je suis un homme dont les lèvres sont impures, j'habite au milieu d'un peuple dont les lèvres sont impures, et mes yeux ont vu le roi, l'Eternel des armées. (Esaïe 6:5)

Comme je l'ai fait remarquer, selon les critères humains, Esaïe était un homme de Dieu. Pourtant, cette révélation de la sainteté de Dieu lui a permis de se voir sous un jour totalement nouveau. Il a réalisé combien il était loin des standards de sainteté de Dieu et de la sainteté du ciel.

Remarquez que quand Esaïe est devenu conscient de son insuffisance, il s'est rendu compte de son indignité dans un domaine particulier. Lequel ? Ses lèvres. Jacques 3:2 dit: *Si quelqu'un ne bronche pas en paroles, c'est un homme parfait, capable de tenir tout son corps en bride.* Esaïe a du faire face au fait qu'il avait besoin de beaucoup plus de sainteté sur ce point que ce qu'il avait reçu jusqu'alors.

C'est ainsi que Dieu nous traite normalement. Il nous amène à une prise de conscience de notre besoin et il nous montre ce qu'il a prévu pour y répondre. En allant plus loin dans notre étude, nous allons voir que ce processus est vrai en ce qui concerne notre besoin de sainteté. Quand nous reconnaissons notre besoin, Dieu est alors prêt à pourvoir. Dès qu'Esaïe a reconnu son besoin, la provision de Dieu est arrivée:

Mais l'un des séraphins vola vers moi, tenant à la main une pierre ardente, qu'il avait prise sur l'autel avec des pincettes. Il en toucha ma bouche et dit: ceci a touché tes lèvres ; ton iniquité est enlevée, et ton péché est expié. (Esaïe 6:6-7)

Le pardon du péché d'Esaïe n'a pas été obtenu à travers ses propres oeuvres. Ce n'était pas le résultat d'un effort de sa part. Mais il était dû à l'intervention même de Dieu. Ce charbon de l'autel est le symbole du Saint-Esprit. C'est par la présence et la puissance du Saint-Esprit que l'homme est rendu saint.

L'appel au service

C'est seulement après qu'Esaïe ait admis son besoin et qu'il ait reçu la provision de Dieu pour le combler qu'il a entendu l'appel pour le service. Nous voyons dans Esaïe 6:8 comment le prophète a répondu à l'appel du Seigneur:

J'entendis la voix du Seigneur, disant: qui enverrai-je, et qui marchera pour nous ? Je répondis: Me voici, envoie-moi.

Au fond, (et je crois que c'est une réalité que la plupart des chrétiens ne reconnaissent pas) Dieu n'utilise pas de volontaires. Nous verrons la vérité de cette affirmation dans les chapitres qui suivent. Dans notre désir de servir le Seigneur nous devons d'abord arriver au stade où nous réalisons que nous sommes incapables et faibles. Tant que vous pensez que vous pouvez faire le travail et que Dieu a plutôt de la chance que vous travailliez pour lui, tout ce que vous ferez sera sans valeur. En revanche, quand vous réalisez que vous êtes complètement inapte, incapable et indigne, alors Dieu étendra sa main et touchera votre vie.

Mon appel au service

Ce passage dans lequel Esaïe confesse avoir des lèvres impures et sa réponse à l'appel de Dieu est très significatif pour moi parce que j'ai vécu une expérience similaire. La première fois que je suis allé dans un culte pentecôtiste accompagné par un collègue soldat de l'Armée britannique, ce fut un choc pour moi. J'avais un fort arrière plan philosophique et je n'avais jamais vu un culte comme celui-là auparavant. J'avais une question brûlante: ce prédicateur savait-il vraiment de quoi il parlait?

Ce soir là, le prédicateur prit le texte d'Esaïe 6 que nous examinons en ce moment. Quand il arriva au verset 5 – *Je suis un homme dont les lèvres sont impures, j'habite au milieu d'un peuple dont les lèvres sont impures*- quelque chose me dit: "Personne ne t'a jamais mieux décrit!"

Après avoir cité ce passage, il a eu toute mon attention. Je ne savais pas de quoi il parlait mais j'ai réalisé qu'il le faisait. Et c'est la porte qui s'est ouverte pour m'amener au salut.

Le prédicateur avait été chauffeur de taxi -rien à voir avec les gens que j'avais entendu parler à l'université de Cambridge. Bien qu'il ait commencé par ce passage, il n'est pas resté collé dessus. C'était le genre de prédicateur qui passe de l'Ancien Testament au Nouveau et retourne à l'Ancien. Pour tout vous dire, j'ai trouvé qu'il était difficile à suivre.

A un moment donné, il a parlé de David le berger et de sa relation avec le roi Saül et il a imaginé un dialogue entre eux deux. Il a bien souligné en grimpant sur un petit banc, le fait que le roi Saül faisait deux têtes de plus que le reste du peuple. Quand il faisait le roi Saül il regardait vers le bas là où il se trouvait quand il faisait David. Je suivais sa présentation avec intérêt quand au beau milieu d'un dialogue passionné dans le rôle de Saül, le banc se renversa et il tomba par terre avec un bruit sourd. (Honnêtement, s'il avait du préparer une présentation acceptable pour un professeur de Cambridge, il aurait du laisser tomber cette partie.) Mais malgré tout ce qui s'était passé -non pas à cause de tout ce qui s'est passé mais malgré- j'ai réalisé qu'il savait de quoi il parlait. Bien plus j'ai réalisé que ce n'était pas mon cas.

Quand le prédicateur en eut fini avec son étrange présentation, il demanda à tout le monde de fermer les yeux et de courber la tête. Je n'avais jamais été à une réunion où les gens courbaient leur tête et où on demandait aux gens de lever la main si on voulait expérimenter ces choses. Il n'y avait pas de musique de fond, rien. Juste le silence complet.

Alors, je me suis assis dans ce qui me semblait être un long silence et là deux voix audibles me parlèrent chacune à une oreille. L'une disait: "*Si tu lèves la main devant ces vieilles dames, toi le soldat en uniforme, tu vas avoir l'air idiot.*" L'autre voix me disait*: "Si c'est quelque chose de bon pourquoi ne l'aurais-tu pas ?"*

Honnêtement, j'étais paralysé. Je ne pouvais pas répondre. Et c'est là que le miracle s'est produit. Un vrai miracle. J'ai vu mon propre bras droit se lever en l'air et j'ai su que ce n'était pas moi qui l'avais levé. A ce moment là, j'étais vraiment effrayé. Je me suis demandé: "*Dans quoi je me suis embarqué ?*"

Et bien, c'est tout ce que les gens de la salle attendaient. Au moment où mon bras s'est levé, tout s'est remis à bouger. Je n'ai reçu aucun conseil du pasteur mais un couple âgé très gentil qui tenait une pension près de l'église, nous invita moi et mon collègue à dîner. C'était vraiment une invitation très tentante pour des soldats.

En revenant avec eux, cette petite femme d'environ soixante ans me partagea son expérience. Elle m'expliqua comment son mari avait été exempté de service militaire durant la Première Guerre mondiale parce qu'il était tuberculeux. Je savais que si cela lui avait permis d'être exempté c'est que c'était un diagnostic médical sûr. C'est alors qu'elle me dit: "J'ai prié chaque jour durant dix ans pour que Dieu guérisse mon mari." Je me suis dit que c'était une dimension à laquelle je n'avais jamais pensé: prier chaque jour durant dix ans pour quelque chose. Elle continua: "Un jour, j'étais dans le salon en train de prier. Mon mari était assis dans le lit dans la chambre crachant du sang. J'ai entendu une voix me dire: "*Réclame-le !*" Et j'ai répondu: "Seigneur je le réclame maintenant." A cet instant précis, son mari a été complètement guéri. Et je me suis dit que c'était peut-être ce que je recherchais.

Le besoin d'humilité

C'est ainsi que je fis connaissance avec le mouvement pentecôtiste et c'est ainsi que Dieu a utilisé ce passage d'Esaïe 6 comme un appel à le servir, malgré mon manque de préparation et de connaissance de ce milieu.

Tous les hommes dont j'ai étudié la vie dans les Ecritures qui ont été appelés par Dieu pour une tâche particulière ont ressenti leur incapacité à accomplir le travail. Si vous rencontrez une personne qui vous dit qu'elle a été appelée par Dieu et qui est capable d'accomplir le travail, vous pouvez être pratiquement certain qu'elle n'a pas été appelée par Dieu.

Ainsi, Esaïe a dû être humble, il a dû s'abaisser en présence de la sainteté de Dieu, avant d'être qualifié pour la tâche à laquelle le Seigneur l'appelait. Ce sera vrai aussi pour vous.

Chapitre 3

La sainteté à travers l'Ecriture

Dans ce chapitre, nous allons voir plus en détails Apocalypse 4 qui est parallèle au passage d'Esaïe 6 ; nous verrons également d'autres textes sur la sainteté. J'aime le livre de l'Apocalypse. Un jour j'ai dit à ma femme Ruth: "Je ne comprends tout simplement pas le livre de l'Apocalypse. Je n'arrive pas à en tirer quelque chose. Lisons-le d'un bout à l'autre." C'est ce que nous avons fait.

Une fois cela fait je lui dis: "Je ne comprends toujours pas grand chose. Relisons-le." Et nous l'avons relu.

La troisième fois quelque chose s'est révélée à moi. A partir de ce moment-là, si je devais choisir un passage à lire, le plus souvent, je choisissais Apocalypse 4 ou 5 parce que cette partie de l'Ecriture décrit une scène d'adoration dans le ciel. Encore une fois, dans ces chapitres, comme dans le passage d'Esaïe 6, le mot 'saint' est appliqué trois fois au Seigneur.

Elevé au niveau du trône

Apocalypse 4 est un chapitre glorieux. Le mot clé et le thème central est *le trône*. Examinons ce chapitre en entier, en comptant le nombre de fois où il est mentionné *le trône*.

Après cela, je regardai, et voici, une porte était ouverte dans le ciel. La première voix que j'avais entendue, comme le son d'une trompette, et qui me parlait me dit: Monte ici et je te ferai voir ce qui doit arriver dans la suite. Aussitôt, je fus ravi en esprit. Et voici, il y avait un trône dans le ciel (la première chose qu'il a vue, c'est le trône) *et sur ce trône, quelqu'un était assis.* (Apocalypse 4:1-2)

Jusqu'à présent le trône est mentionné deux fois.

Celui qui était assis avait l'aspect d'une pierre de jaspe et de sardoine ; et le trône était environné d'un arc-en-ciel semblable à de l'émeraude ; autour du trône je vis vingt-quatre trônes et sur ces trônes vingt-quatre vieillards assis, revêtus de vêtements blancs et sur leurs têtes des couronnes d'or. Du trône sortent des éclairs, des voix et des tonnerres ; devant le trône brûlent sept lampes ardentes qui sont les sept esprits de Dieu. Il y a encore devant le trône comme une mer de verre, semblable à du cristal. Au milieu du trône et autour du trône il y a quatre êtres vivants remplis d'yeux devant et derrière. (Cela correspond aux séraphins qu'Esaïe a vus). *Le premier être vivant est semblable à un lion, le second être vivant est semblable à un veau, le troisième être vivant a la face d'un homme, et le quatrième être vivant est semblable à un aigle qui vole ; les quatre êtres vivants ont chacun six ailes, et ils sont remplis d'yeux tout autour et au dedans. Ils ne cessent de dire jour et nuit: Saint, saint, saint est le Seigneur Dieu, le Tout-Puissant, qui était, qui est et qui vient ! Quand les êtres vivants rendent gloire et honneur et actions de grâces à celui qui est assis sur le trône, à celui qui vit aux siècles des siècles, les vingt-quatre vieillards se prosternent devant celui qui est assis sur le trône, et ils adorent celui qui vit aux siècles des siècles et ils jettent leurs couronnes devant le trône en disant: tu es digne, notre Seigneur et notre Dieu de recevoir la gloire et l'honneur et la puissance ; car tu as créé toutes choses, et c'est par ta volonté qu'elles existent et qu'elles ont été créées.* (versets 3 à 11)

Avez-vous compté le nombre de 'trônes' ? Dans un seul chapitre de onze versets, les mots 'trône' ou 'trônes' apparaissent quatorze fois. Les Ecritures révèlent qu'il y a quatre ordres principaux dans le monde invisible. Paul les énumère ainsi dans Colossiens 1:16: *trônes, dignités, dominations et autorités*. Le plus haut niveau de l'ordre créé dans l'univers est le trône.

Dans le quatrième chapitre de l'Apocalypse, l'apôtre Jean est élevé jusqu'au niveau du trône. Cette scène prend donc place au plus haut niveau de la création et à ce niveau il y a un thème récurrent: *Saint, saint, saint*. Comme je l'ai dit plus haut, cette triple déclaration fait référence à la trinité de Dieu: Père, Fils et Esprit. Le Père est saint, le Fils est saint, l'Esprit est saint. Encore une fois, ce fait est constamment rappelé dans le ciel. Il serait bon que ceux qui sont sur terre soient un peu plus conscients de ce fait, en particulier ceux qui sont membres du corps de Christ, l'Eglise.

Considérons encore quelques points importants de ce passage. Il est significatif que la première chose que Jean ait vue quand il a été saisi par l'Esprit soit un trône. Puis, quand ses yeux se sont accoutumés au trône, il a pu voir la personne qui était assise dessus. Jean voyait la salle du trône de Dieu, l'endroit à partir duquel l'univers est gouverné.

Ensuite, Jean a vu des êtres vivants -des êtres ardents- et les a entendus crier: *Saint, saint, saint, est l'Eternel Tout-Puissant.* Il y a quelque chose d'ardent dans la sainteté et cela m'intéresse beaucoup. Juste avant de mentionner les créatures ardentes, ce passage parle *de sept lampes ardentes* (Apocalypse 4:5) qui sont une autre présentation visible du Saint-Esprit. Hébreux 12:29 dit: *Car notre Dieu est un feu dévorant.* Il n'est pas dit que Dieu est *comme* un feu dévorant ; il *est* un feu dévorant. *Le feu* dans ce passage de l'Apocalypse n'est ni Dieu le Père ni Dieu le Fils. C'est Dieu le Saint-Esprit. Il est un feu dévorant.

Quand le feu tombe sur le sacrifice d'Elie sur le Mont Carmel, tout le peuple tombe face contre terre en criant: *C'est l'Eternel qui est Dieu!* (1 Rois 18:39) Ils sont tombés sur leurs faces parce qu'ils se trouvaient devant Dieu lui-même et non pas devant une simple manifestation spirituelle. Ils étaient en présence de la troisième personne de la trinité, celui qui est une flamme de feu vivante.

Magnifique en sainteté

Dans le chapitre précédent, nous avons vu le thème de la sainteté dans Esaïe 6:3. Regardons maintenant quelques passages supplémentaires de l'Ancien Testament qui parlent de la sainteté de Dieu. Nous allons brièvement les étudier dans l'ordre. Le premier est Exode 15:11:

Qui est comme toi parmi les dieux, ô Eternel ? Qui est comme toi magnifique en sainteté, digne de louanges, opérant des prodiges ?

Dieu est magnifique dans sa sainteté. Et quand nous voyons sa sainteté il devient effrayant, nous inspire de la crainte et nous pousse à le louer. Quand nous le louons, il fait des merveilles. Il y a là une très belle révélation. Quand vous appréciez la sainteté de Dieu, vous le louez comme il doit être loué. Quand vous le louez comme il doit être loué, les merveilles commencent à abonder. C'est un ordre divin.

Il est un Dieu saint

Nous allons ensuite voir le dernier chapitre du livre de Josué, dans lequel Josué défie le peuple d'Israël une fois qu'il est rentré dans son héritage, la terre promise. Le défi qu'il leur donne est en essence celui-ci: "Qui allez-vous servir maintenant que vous êtes dans votre pays ?" Josué leur donne ce choix: *Choisissez vous-mêmes aujourd'hui qui vous allez servir. Vous pouvez servir les dieux que vos pères ont servis de l'autre côté de l'Euphrate, en Mésopotamie. Ou vous pouvez servir les dieux des Amoréens dont vous habitez maintenant le pays. Ou vous pouvez servir le Dieu vivant et vrai, l'Eternel.* (voir Josué 24: 16) Tout le peuple a répondu qu'il voulait servir l'Eternel:

Le peuple répondit et dit: Loin de nous la pensée d'abandonner l'Eternel, et de servir d'autres dieux !

Puis le peuple proclama la grandeur de Dieu, ses victoires et ses bénédictions. En réponse, Josué revint avec une réponse plutôt surprenante:

Vous n'aurez pas la force de servir l'Eternel, car c'est un Dieu saint, c'est un Dieu jaloux. Il ne pardonnera pas vos transgressions et vos péchés. (verset 19)

Un peu avant j'ai dit que Dieu n'est pas à la recherche de volontaires. Cette affirmation est le reflet de ce que je veux dire. Beaucoup de gens dans l'Eglise aujourd'hui disent: "Je crois que je veux servir le Seigneur. Je me demande si Dieu a un travail pour moi." Tant que vous vous approcherez du Dieu Tout-Puissant avec cette attitude vous n'entrerez pas en contact avec lui. Encore une fois, je crois que la plupart des chrétiens aujourd'hui pensent que Dieu a plutôt de la chance de les avoir à son service quand ils sont sauvés. Dieu ne voit pas les choses ainsi.

Durant de nombreuses années, j'ai eu cette attitude parce que j'étais en quelque sorte réussi dans mon monde professionnelle et académique. Des années plus tard, j'ai commencé à me rendre compte que cela n'avait rien à voir. Dieu avait accepté de prendre de sacrées responsabilités en m'acceptant. Vous ne pouvez pas simplement aller vers le Seigneur en disant: "Seigneur, je crois que je vais te servir." Dieu répond: "Ce n'est pas possible. Tu n'es pas qualifié. Tu n'es pas équipé. Tu vas échouer et tu en ressortiras pire qu'avant."

Nous devons garder cela en tête: avant d'offrir nos services à Dieu, nous devrions nous souvenir le genre de Dieu que nous servons. C'est un Dieu saint. Un Dieu glorieux. Un Dieu effrayant.

Nous ne pouvons pas batifoler quand nous le servons. Il ne s'agit de jouer à des petits jeux religieux. Ce n'est pas non plus aller à l'Eglise de temps en temps quand ça nous chante. A moins de nous engager totalement, cela n'aura aucune valeur.

Personne n'est saint comme l'Eternel

Le thème de la sainteté de Dieu se retrouve encore dans 1 Samuel: nous y trouvons le cantique d'Anne à qui Dieu a accordé le bébé qu'elle attendait tant. Permettez-moi de faire une petite observation sur le passage de 1 Samuel 1 où Anne se faisait du mauvais sang. Je dirais qu'une femme qui s'inquiète est souvent une femme stérile. Mais quand Anne a eu la victoire dans la foi et a cessé de s'inquiéter, elle a conçu et est devenue mère. Dans le chapitre 2, nous voyons une note de victoire dans son chant de louange:

Anne pria et dit: mon cœur se réjouit en l'Eternel, ma force a été relevée par l'Eternel ; ma bouche s'est ouverte contre mes ennemis, car je me réjouis de ton secours. Nul n'est saint comme l'Eternel ; il n'y a point d'autre Dieu que toi ; Il n'y a point de rocher comme notre Dieu. (1 Samuel 2:1-2)

Dans les moments de vraie victoire spirituelle et de discernement nous en arrivons toujours à voir que Dieu est unique. Il est saint, et il n'y en pas d'autre comme lui dans tout l'univers.

Assis sur le trône au milieu des louanges de son peuple

Dans les Psaumes, nous avons une autre belle révélation de la sainteté de Dieu et de notre réaction face à elle. Le psalmiste dit dans le Psaume 22:4 (version TOB): *Pourtant tu es le Saint: tu trônes, toi la louange d'Israël !* La version Segond traduit: *Pourtant tu es le saint, tu sièges au milieu des louanges d'Israël.* Mais je préfère 'tu trônes' à 'sièges'. Il m'est arrivé un jour de partager ce verset avec un ami suédois qui est chanteur. J'avais prêché sur le sujet de la louange et sur la traduction du Psaume 22:3 dans une version suédoise de la Bible que nous rendons en français par *"Tu sièges sur ton trône au milieu des louanges de ton peuple."* Cela a été une véritable révélation pour moi. C'est alors que mon ami suédois m'a dit: "Un roi est un roi, qu'il ait un trône ou pas. Mais quand nous le louons, nous lui offrons un trône pour s'asseoir.

Ainsi, dans sa présence royale, il est au milieu de nous."

Dieu est assis sur le trône au milieu des louanges de son peuple. Mais nous devons reconnaître que la louange est le résultat de la reconnaissance de sa sainteté. *Tu es saint, tu trônes au milieu des louanges d'Israël.*

Le Très-Haut dont la demeure est avec celui qui est humble

Nous en arrivons à un autre beau verset d'Esaïe:

Car ainsi parle le Très-Haut dont la demeure est éternelle et dont le nom est saint ; j'habite dans les lieux élevés et dans la sainteté ; mais je suis avec l'homme contrit et humilié afin de ranimer les esprits humiliés, afin de ranimer les cœurs contrits. (Esaïe 57:15)

J'ai été si frappé par la beauté de ce verset que je veux être certain que nous en comprenons bien le sens. Le Très Saint dit: *"J'habite dans les lieux élevés et dans la sainteté, mais je suis avec l'homme contrit et humilié."* En premier lieu je dirais que la sainteté de Dieu provoque l'humilité de l'homme. Quand nous voyons vraiment la sainteté de Dieu, nous ne ressentons plus qu'une seule chose: de l'humilité.

Remarquez qu'il y a en fait trois mots qui reviennent comme un thème à travers ce verset et chacun de ces mots est répété deux fois. Le Très-Haut dont le nom est saint, demeure dans les lieux élevés et dans la sainteté, et il est avec l'homme humilié. Le thème de ce verset est 'élevé, saint et humble.'

Si vous voulez que Dieu demeure avec vous, offrez-lui un cœur humble. Celui qui habite l'éternité et dont le trône est au-dessus des cieux demeurera avec celui 'qui a un cœur contrit et humble.' Je ne crois pas que quelqu'un qui vive dans la révélation de la sainteté de Dieu puisse être orgueilleux, parce que l'orgueil est vraiment un déni de la sainteté de Dieu.

J'espère que ce bref examen des Ecritures ci-dessus vous a aidé à mieux comprendre la nature de la sainteté de Dieu. Nous allons maintenant continuer et voir comment Dieu s'attend à ce que son peuple marche dans la sainteté.

Chapitre 4

Dieu exige la sainteté

Non seulement Dieu est saint, mais il exige aussi la sainteté de son peuple. En explorant ce sujet, nous allons examiner un nombre de passages du Lévitique, car le thème de ce livre est la sainteté -le mot saint s'y trouve plus de quatre-vingt dix fois.

Car je suis l'Eternel votre Dieu ; vous vous sanctifierez et vous serez saints car je suis saint ; et vous ne vous rendrez pas impurs par tous ces reptiles qui rampent sur la terre. Car je suis l'Eternel qui vous ai fait monter du pays d'Egypte pour être votre Dieu. (Lévitique 11:44-45)

Parle à toute l'assemblée des enfants d'Israël et tu leur diras: soyez saints car je suis saint, moi l'Eternel votre Dieu. (Lévitique 19:2)

Vous vous sanctifierez et vous serez saints car je suis l'Eternel. (Lévitique 20:7)

Vous serez saints pour moi, car je suis saint, moi l'Eternel ; je vous ai séparés des autres peuples afin que vous soyez à moi. (verset 26)

'Soyez saints car je suis saint'

L'Ecriture dit clairement que la condition pour être le peuple de Dieu est d'être saint comme il est saint. Cette qualité est ce qui nous distingue et nous sépare de tous les autres peuples de la terre.

Regardons rapidement Lévitique 10:10:

... afin que vous puissiez distinguer ce qui est saint de ce qui est profane, ce qui est impur de ce qui est pur.

L'un des thèmes principaux du livre du Lévitique est la différence entre ce qui est saint et ce qui est profane, entre ce qui est pur et ce qui est impur. En fait l'une des responsabilités principales du sacrificateur sous la loi de Moïse était d'enseigner au peuple de Dieu la différence entre le saint et le profane. Le fait que les sacrificateurs n'y soient pas parvenus explique en grande partie le désastre spirituel et national en Israël.

Ce même principe s'applique au ministère chrétien. L'une des grandes responsabilités des serviteurs du peuple de Dieu est d'enseigner la véritable nature de la sainteté y compris comment distinguer entre ce qui est saint et ce qui est profane. Quand cet enseignement n'est pas donné, ou pas reçu, le désastre spirituel suivra toujours.

Les pièces manquantes pour comprendre la sainteté

L'une des plus grandes pièces manquantes dans l'Eglise pour comprendre la sainteté c'est la pratique du jeûne. Il a pratiquement disparu et l'Eglise ne peut avoir une conception complète de la sainteté de Dieu sans cela. En relation avec cette pièce manquante, nous trouvons le manque d'intercession qui conduit au jeûne. Un passage d'Esaïe 59 nous donne, à mon avis, une image de notre société contemporaine. Il commence ainsi:

La délivrance s'est retirée, et le salut se tient éloigné car la vérité trébuche sur la place publique et la droiture ne peut s'approcher. (verset 14)

(Quand je regarde la scène politique je me dis que vraiment 'la vérité trébuche sur la place publique.')

Le passage continue,

La vérité a disparu et celui qui s'éloigne du mal est dépouillé. (verset 15)

Je crois que nous en sommes pratiquement à ce stade. Vous n'avez pas besoin d'être très juste ou juste à l'extrême pour être persécuté dans notre société actuelle. Il vous suffit de vous abstenir du mal et les gens vont vous remarquer et vous chercher querelle. Voici la réaction de l'Eternel quand la vérité fait défaut et que celui qui se détourne du mal devient une proie:

L'Eternel voit, d'un regard indigné, qu'il n'y a plus de droiture. Il voit qu'il n'y a pas un homme, il s'étonne de ce que personne n'intercède. (versets 15-16)

Cette dernière phrase pourrait décrire exactement l'attitude de Dieu envers les différentes parties de l'Eglise aujourd'hui. Il s'étonne du fait qu'il n'y ait pas d'intercesseurs.

Enduits de mortier mal lié

Nous voyons une vérité similaire dans Ezéchiel 22, qui souligne le souci de Dieu pour l'intercession. Dans le passage ci-dessous, il y a quatre groupes qui sont accusés de délinquance et ils commencent tous par la lettre P. Voici l'ordre de ces groupes: les prophètes, les prêtres, les princes et le peuple. Remarquez que Dieu ne commence pas par les princes qui sont les dirigeants séculiers. Il commence par ceux qui professent la foi en lui: les prophètes et les prêtres. Si vous voulez connaître la racine du mal, la voilà. Les dirigeants de ce monde peuvent être mauvais mais ils ne sont jamais la première cause de mal. Ce sont ceux qui disent représenter Dieu mais qui le font indignement qui sont à la base du problème.

Nous commençons par Ezéchiel 22:24, où l'Eternel parle au prophète Ezéchiel:

Fils de l'homme, dis à Jérusalem: Tu es une terre qui n'est pas purifiée, qui n'est pas arrosée de pluie au jour de la colère.

A la fin des années 50, j'enseignais au Kenya et l'un de mes étudiants a lu ce verset et l'a commenté ainsi: "La seule chose qui peut purifier un pays, c'est la pluie du Saint-Esprit." Cette observation ne m'a jamais quittée. Un pays qui n'a pas reçu la pluie du Saint-Esprit n'est pas purifié. Puis l'Eternel continue:

Ses prophètes conspirent dans son sein ; comme un lion rugissant... Ses sacrificateurs violent ma loi et profanent mes sanctuaires, ils ne distinguent pas ce qui est saint de ce qui est profane... ses chefs sont dans son sein comme des loups qui déchirent leur proie... ses prophètes ont pour eux des enduits de plâtre... Le peuple du pays se livre à la violence, commet des rapines, opprime le malheureux et l'indigent. (versets 25-29)

J'ai en fait l'impression que l'Eglise enduit ses fidèles de mortier mal lié et que tout sera enlevé quand la pluie et les inondations viendront. Nous n'affronterons pas les questions essentielles du péché, de la justice et de la responsabilité.

Encore une fois, dans Ezéchiel 22:29, nous lisons: *Le peuple du pays se livre à la violence.* Remarquez que le peuple est le dernier à être blâmé. Nous pouvons accuser les drogués et les 'pécheurs' mais ils sont en bout de chaîne. Le problème commence avec les prophètes et les prêtres -le clergé.

Se tenir sur la brèche

Nous en arrivons à l'apogée d'Ezéchiel 22:

Je cherche parmi eux un homme qui élève un mur, qui se tienne à la brèche devant moi en faveur du pays, afin que je ne le détruise pas ; mais je n'en trouve pas. (verset 30)

Quelle affirmation tragique: *Mais je n'en trouve pas.* Personne. Remarquez que la personne que Dieu cherche devait faire deux choses. Premièrement, elle devait bâtir un mur. En règle générale dans notre culture contemporaine, tous les murs de séparation naturelle ont été abattus -je pense en particulier à la séparation entre l'homme et la femme qui est essentielle. C'était la séparation originelle instituée à la création et j'ai vécu assez longtemps pour voir s'écrouler cette séparation devant mes yeux, parfois à travers des lois.

Dieu cherchait cette personne non seulement pour rebâtir les murs de séparation mais aussi pour restaurer les liens. Enfin, il devait se tenir sur la brèche devant Dieu pour être un intercesseur en se tenant entre le peuple et le Seigneur. *Intercesseur* signifie 'celui qui se met entre'.

Abraham, par exemple, était un intercesseur pour le peuple de la ville de Sodome. Quand le Seigneur et deux anges lui rendirent visite chez lui, Abraham se tint entre le Seigneur et Sodome et marchanda avec le Seigneur réduisant le nombre de justes demandé de cinquante à dix. L'Eternel dit en fin de compte: "Si je trouve dix justes, j'épargnerais la ville à cause d'eux." Malheureusement, il n'en trouva même pas dix, mais Abraham en se tenant entre l'Eternel et les objets de sa colère est une image parfaite de l'intercesseur -celui qui se tient entre. (voir Genèse 18)

Voici une autre description de l'intercesseur: c'est une personne qui est issu de son peuple, qui se tient devant Dieu et dit: "Seigneur, si tu les combats, tu vas devoir me combattre d'abord." C'est cela un intercesseur.

En tant que nation, nous nous sommes tellement éloignés de Dieu, de ses exigences et de tout ce que nous savons juste, qu'il n'y a d'espoir pour nous que si nous nous humilions vraiment devant lui en implorant sa miséricorde. L'espérance n'est pas dans les politiciens. Ni même dans les leaders de l'Eglise. L'espérance c'est une humble minorité qui afflige son âme dans le jeûne et l'intercession. Mais ce sont encore une fois des actions de sainteté et de justice qui manquent et qui devraient pourtant se trouver dans l'Eglise.

Le sacrifice de soi était un thème majeur des écrits des dirigeants chrétiens du dix-neuvième siècle. Aujourd'hui, je ne l'entends plus prêcher. Nous sommes dans un état d'esprit très différent du peuple que Paul suppliait de *poursuivre la sainteté...* (Hébreux 12:14) Poursuivre quelque chose, c'est en faire son but, et le rechercher de tout son cœur. Vous devrez peut-être courir vite ou surmonter des obstacles, mais vous ferez de gros efforts pour garder le cap.

Votre impression est peut-être différente de la mienne mais comme je l'ai écrit en introduction, je ne me souviens honnêtement pas avoir eu affaire lorsque j'enseignais, à un groupe de personnes qui poursuivaient vraiment la sainteté. Dans mon livre *Ils chasseront les démons,* j'ai fait une analogie de l'attitude de l'Eglise contemporaine face à la sainteté. Je l'ai faite en la comparant à un voyage organisé. A une période de notre vie, ma femme Ruth et moi organisions des voyages, j'en connais donc bien le principe. Les gens pouvaient acheter le circuit de base mais s'ils voulaient faire une activité en plus, cela devenait un plus ou une option pour lequel ils devaient payer un extra. Par exemple, supposons qu'un groupe ait payé un certain prix pour un voyage en Terre sainte. Pour deux cents euros de plus ils pouvaient faire en plus une croisière sur le Nil. L'excursion sur le Nil était une option qu'ils n'étaient pas obligés de prendre.

Je crois que beaucoup de chrétiens de l'Eglise actuelle considèrent le salut comme ce voyage vers la Terre sainte et la sainteté comme l'excursion facultative sur le Nil. La sainteté est traitée comme optionnel, mais personne n'a envie de payer plus pour l'avoir. Je n'attaque personne. Je suis simplement objectif, je vous transmets mon ressenti. La sainteté n'est pas optionnelle dans la provision de Dieu. C'est une partie essentielle de son salut et il l'exige de son peuple. En fait, la sainteté doit être notre marque distinctive comme nous allons le voir dans le chapitre qui suit.

Chapitre 5

Le trait distinctif du peuple de Dieu

Dans ce chapitre, nous allons voir des passages de l'Ecriture qui attestent cette idée: la marque distinctive du peuple de Dieu doit être la sainteté.

Un trésor spécial

Dans Exode 19, Dieu dit à son peuple :

*Maintenant si vous écoutez ma voix, et si vous gardez mon alliance vous m'appartiendrez entre tous les peuples (*la version Bible français courant dit *'un peuple particulièrement précieux') car toute la terre est à moi ; vous serez pour moi un royaume de sacrificateurs et une nation sainte.* (versets 5-6)

Pour être le peuple de Dieu, il nous faut être différents -différents en terme de sainteté, séparés de tous les autres peuples. Le mot *particulier* utilisé dans la version français courant a subi un changement de sens depuis son utilisation première. Avant, il signifiait 'distinct, à nul autre pareil, séparé.'

Dans Deutéronome 14, nous trouvons presque les mêmes mots que dans le passage d'Exode. Le livre du Deutéronome analyse essentiellement les conditions pour rentrer et demeurer dans l'héritage que Dieu nous a donné. Tout comme Lévitique, Deutéronome souligne la sainteté.

Car tu es un peuple saint pour l'Eternel ton Dieu ; et l'Eternel ton Dieu t'a choisi pour que tu fusses un peuple qui lui appartint entre tous les peuples qui sont sur la face de la terre. (Deutéronome 14:2)

Nous voyons dans ce passage que le trait unique qui distingue le peuple de Dieu est sa sainteté. C'est ce trait qui le différencie de tous les autres peuples. Et c'est ce trait qui l'élève. Nous ne pouvons pas vivre sur le plan que Dieu veut pour nous, si nous ne vivons pas dans la sainteté. Cette vérité est affirmée dans Deutéronome 28:18-19. Commençons par la première partie du verset 18:

Et l'Eternel t'a fait dire aujourd'hui, que tu lui seras un peuple particulier, (Ostervald)

Le mot hébreu traduit par 'a fait dire' signifie 'reconnaître publiquement'. Dieu reconnaît publiquement que son peuple est différent de tous les autres peuples.

... et d'observer tous ses commandements, afin qu'il te donne sur toutes les nations qu'il a créées la supériorité en gloire, en renom et en magnificence, et afin que tu sois un peuple saint pour l'Éternel, ton Dieu, comme il te l'a dit. (versets 18-19, Ostervald)

Si nous voulons avoir la supériorité, nous devons être saints. Ces deux qualités ne peuvent être séparées. Dieu veut que son peuple vive à un niveau élevé, afin de ne plus être sous la domination des situations, des circonstances et des attaques de l'ennemi. Il nous veut victorieux, il veut un peuple qui règne. Mais la condition, c'est la sainteté.

Les conditions de sainteté de l'Ancien Testament reconduites dans le Nouveau

Nous allons maintenant voir comment ces exigences de l'Ancien Testament sont reconduites mot pour mot dans le Nouveau. Dans 1 Pierre, l'apôtre Pierre cite en fait les passages de l'Ancien Testament que nous venons d'examiner en s'adressant à un public chrétien:

Mais puisque celui qui vous a appelé est saint, vous aussi soyez saints dans toute votre conduite, selon qu'il est écrit: vous serez saints, car je suis saint. (1 Pierre 1:15-16)

Dans ce passage, Pierre cite le Lévitique en disant en essence: "Souvenez-vous que cette même vérité s'applique aussi à vous, chrétiens, comme elle s'appliquait à Israël sous la loi." Nous voyons ensuite dans 1 Pierre 2:9:

Vous, au contraire, vous êtes une race élue, un sacerdoce royal, une nation sainte, un peuple acquis (la version anglaise ajoute, comme dans le verset en Deut. 28:18 le mot 'particulier', n.d.t.),

Toutes les phrases ci-dessus sont tirées des passages de l'Ancien Testament que nous avons lus. Elles sont simplement compilées dans un verset pour décrire les chrétiens. Le reste du verset 9 nous dit pourquoi nous sommes appelés saints:

...afin que vous annonciez les vertus ('louanges', Bible de Jérusalem) *de celui qui vous a appelés des ténèbres à son admirable lumière.*

La révélation de la sainteté de Dieu nous fera toujours proclamer ses louanges. Quelqu'un qui ne loue pas Dieu n'a que très peu conscience de sa sainteté. Quand la sainteté de Dieu est révélée cela entraîne la louange. Nous 'proclamons' ses louanges. Cela signifie que nous démontrons sa nature et ses qualités à ceux qui nous entourent.

Allons dans le livre de l'Apocalypse, chapitre 1, nous lisons:

A celui qui nous aime, qui nous a lavés de nos péchés par son sang, et qui a fait de nous un royaume, des sacrificateurs pour Dieu son Père... (versets 5-6)

Dans l'Ancien Testament, la phrase qui équivaut à 'un royaume, des sacrificateurs', c'est un 'royaume de sacrificateurs.' (Exode 19:6) En fait, c'est la traduction la plus littérale de ce que le Nouveau Testament dit: 'un royaume de sacrificateurs'. Nous trouvons la même pensée dans Apocalypse 5:

Et ils chantaient un cantique nouveau en disant: tu es digne de prendre le livre, et d'en ouvrir le sceau ; car tu as été immolé et tu as racheté pour Dieu par ton sang des hommes de toute tribu, de toute langue, de tout peuple et de toute nation; tu as fait d'eux un royaume et des sacrificateurs pour notre Dieu, et ils règneront sur la terre. (Apocalypse 5:9-10)

A travers la provision de Dieu, tout chrétien est un roi et un sacrificateur. Quelle est la fonction d'un roi ? Régner. Quelle est la fonction d'un sacrificateur ? Elle est double: offrir des sacrifices et intercéder. En tant que chrétiens, nous avons déjà été faits rois et sacrificateurs afin de régner, d'offrir des sacrifices et d'intercéder. Ce n'est pas quelque chose qui nous est demandé dans le futur. Cela se passe maintenant quand nous prenons notre place en Christ et dans sa sainteté.

Remarquez que tous ces versets de l'Ancien et du Nouveau Testament correspondent les uns avec les autres: "*Vous serez saints car je suis saint*" (Lévitique 11:45) est cité dans 1 Pierre 1: 16: "*Soyez saints car je suis saint*". "*Un royaume de sacrificateurs et une nation sainte*" (Exode 19: 6) se retrouve dans Apocalypse 1:6 et 5:10: "*rois et prêtres*". C'est le même langage. De la même manière, Deutéronome 28: 18-19 et 1 Pierre 2:9 véhiculent la même idée: "*Une race élue, une nation sainte et un peuple particulier.*"

Ce qui distingue le peuple de Dieu est clairement la sainteté. C'est l'indication suprême que nous lui appartenons.

Chapitre 6

La purification dont nous avons besoin

Nous allons maintenant focaliser notre attention sur les écrits du Nouveau Testament qui soulignent la sainteté. Nous verrons tout d'abord les écrits de l'apôtre Paul, en commençant dans 2 Corinthiens 7:

Ayant donc de telles promesses, bien-aimés, purifions-nous de toute souillure de la chair et de l'esprit, en achevant notre sanctification dans la crainte de Dieu. (verset 1)

Dans ce verset, Paul lance un défi aux chrétiens: nous devons nous purifier. Remarquez que la responsabilité nous en incombe clairement. C'est ce que nous devons faire. Nous devons nous perfectionner, ou achever la sainteté *"dans la crainte de Dieu."*

Remarquez aussi que ce passage nous pousse à nous purifier de deux sortes de souillure: *"la souillure de la chair"* et *"la souillure de ... l'esprit."* La souillure de la chair se réfère à des péchés charnels évidents - fornication, ivrognerie, blasphème, etc. Mais la souillure de l'esprit c'est une interaction avec le royaume de Satan: c'est rechercher la puissance surnaturelle et occulte de Satan: bonne aventure, divination, sorcellerie, magie et idolâtrie. La Bible nomme ce genre d'interaction "adultère spirituel". (Voir par exemple 1 Corinthiens 10:19-23) Aux yeux de Dieu, c'est bien plus sérieux que l'adultère physique. Les Ecritures disent qu'au vu des promesses de Dieu, nous sommes dans l'obligation de nous purifier dans ces deux domaines -le domaine de la chair et celui de l'esprit. En nous purifiant ainsi nous-mêmes nous *"achevons notre sanctification dans la crainte de Dieu."*

Les raisons de la purification

Remarquez que le premier mot de 2 Corinthiens 7:1 est: donc. *"Ayant donc ces promesses ..."* Vous devez être familier avec l'un de mes dictons favoris: "Quand vous trouvez un *donc* dans la Bible vous devez vous demander pourquoi donc est-il là." Le mot *donc* dans ce verset se réfère aux promesses divines de l'Ancien Testament qui sont citées à la fin de 2 Corinthiens chapitre 6. Les deux derniers versets du chapitre disent ceci:

C'est pourquoi sortez du milieu d'eux, et séparez-vous, dit le Seigneur ; ne touchez pas à ce qui est impur, et je vous accueillerai. Je serai pour vous un père, et vous serez pour moi des fils et des filles dit le Seigneur Tout-Puissant. (verset 17-18)

La condition pour que Dieu nous reçoive c'est que nous sortions du milieu d'eux, que nous nous séparions et que nous ne touchions à ce qui est impur.

Puis comme nous l'avons vu, Paul continue en disant:

Ayant donc de telles promesses, bien-aimés purifions-nous de toute souillure... achevant notre sanctification dans la crainte de Dieu. (2 Corinthiens 7:1)

En d'autres termes, nous devons achever la sanctification dans nos vies, sur la base des promesses et des exigences de Dieu, comme une démonstration de notre révérence envers Dieu.

Sans tache dans la sainteté

Regardons ensuite quelques passages importants sur la sainteté que nous trouvons dans la première épître aux Thessaloniciens. A bien des égards les Thessaloniciens ont été des modèles de conversions à Christ. Ils sont venus au Seigneur avec une grande joie et remplis d'enthousiasme. Leur façon de vivre a été transformée. Ils étaient des témoins vivants. La parole de Dieu s'est répandue à travers eux jusqu'aux régions alentours. Nous devons cependant nous souvenir qu'ils vivaient auparavant dans un paganisme abject et que de nombreuses vérités concernant Dieu leur échappaient encore. Si vous ne réalisez pas cela, vous serez peut-être surpris par certains propos de Paul à leur égard.

Il a notamment dû souligner la vérité sur le principe de sainteté ou de sanctification. Ils n'avaient pas encore compris grand chose de ce principe et c'est pourquoi vous verrez ce thème revenir tout au long de la première épître de Paul qui leur était adressée. Nous allons examiner ce thème dans trois passages successifs en commençant par 1 Thessaloniciens 3. Voici la prière et le désir de Paul pour ces chrétiens:

Que le Seigneur augmente de plus en plus parmi vous, et à l'égard de tous, cette charité que nous avons nous-mêmes pour vous, afin d'affermir vos cœurs pour qu'ils soient irréprochables dans la sainteté devant Dieu notre Père, lors de l'avènement de notre Seigneur Jésus-Christ avec tous ses saints ! (versets 12-13)

Paul attendait avec impatience un évènement important qui était le retour du Seigneur Jésus-Christ. Je crois que si vous lisez le Nouveau Testament avec un esprit ouvert, vous découvrirez cette vérité essentielle: l'enseignement de la sainteté est toujours liée à l'attente du retour imminent de Christ. Les chrétiens du Nouveau Testament vivaient dans l'attente constante du retour de Jésus. Par conséquent, c'était leur plus grande motivation pour poursuivre et maintenir la sainteté dans leur vie.

Je crois que nous ne pouvons pas vivre dans la sainteté comme eux si nous n'avons pas nous aussi cette même attente. La venue du Seigneur est l'espérance dont nous parle 1 Jean 3:2-3 qui pousse le chrétien à se purifier.

Bien-aimés, nous sommes maintenant enfants de Dieu, et ce que nous serons n'a pas encore été manifesté ; mais nous savons que lorsque cela sera manifesté, nous serons semblables à lui (Jésus) *parce que nous le verrons tel qu'il est. Quiconque a cette espérance en lui se purifie comme lui-même est pur.*

Il m'est arrivé un jour de parler avec une chère sœur, qui était la femme d'un pasteur d'une dénomination très conservatrice ; elle était baptisée dans le Saint-Esprit. Nous évoquions ce thème et j'ai commencé à parler du fait que le retour du Seigneur était proche. De façon très polie, elle a commencé à essayer de me calmer en me disant que je ne devais pas trop m'enthousiasmer. "Les gens de l'an mil le croyaient aussi, ainsi que ceux qui vivaient du temps de Wesley. Beaucoup de gens tout au long de l'histoire de l'Eglise l'ont cru aussi et pourtant le Seigneur n'est pas encore revenu. Je lui ai répondu: "Néanmoins, je crois qu'il revient et qu'il revient bientôt."

Cette femme et moi ne nous sommes pas disputés et je crois vraiment que la façon dont je lui ai répondu a plu au Seigneur. Ce soir là je me suis couché en paix et j'ai reçu une petite récompense supplémentaire le matin en me réveillant. Quelque chose en moi qui disait: "Jésus revient bientôt." Je n'ai pas besoin de vous dire que je n'ai jamais été aussi enthousiasmé par la venue du Seigneur que ce jour là.

A partir de ce moment-là mes prières au Seigneur ont été encore plus fortes afin de ne jamais perdre cette conviction intérieure du proche retour de Jésus. Croyez-moi, c'est la vraie motivation à une vie sainte. Paul dit en effet: "Souvenez-vous, vous allez rencontrer Jésus. Imaginez simplement comment vous serez lors du grand jour." C'est la motivation que Paul décrit dans 1 Thessaloniciens 3:13: ...*afin d'affermir vos cœurs pour qu'ils soient irréprochables dans la sainteté devant Dieu notre Père, lors de l'avènement de notre Seigneur Jésus-Christ avec tous ses saints !*

Encore une fois, la seconde venue de Jésus-Christ est la grande motivation à la sainteté personnelle. Remarquez dans le verset ci-dessus où commence la sainteté. Elle commence dans le cœur.

Un vase pur

Dans le chapitre suivant de 1 Thessaloniciens, Paul progresse en parlant de la sainteté en relation avec nos corps:

Car c'est ici la volonté de Dieu, votre sainteté, que vous vous absteniez de la fornication, que chacun de vous sache posséder son propre vase en sainteté et en honneur. (1 Thessaloniciens 4:3-4 version Darby)

Comme je l'ai dit plus haut, il peut paraître surprenant que Paul explique à des chrétiens qu'ils ne sont plus libres de s'adonner à l'immoralité sexuelle. Mais ces gens venaient d'un milieu païen sans les dix commandements et sans aucun critère de moralité. Paul devait leur dire que la fornication n'était pas permise pour un chrétien. Certaines personnes lui donnent le nom plus sophistiqué de "sexe avant le mariage" mais c'est la même vérité qui s'applique.

Le verset 4 dit que "*chacun de vous sache posséder son propre vase en sainteté et en honneur."* Qu'entendait-il par "*son propre vase"*? Paul parlait du corps physique. En effet, il disait: en tant que chrétien, vous devez savoir comment garder le vase qu'est votre corps dans la sainteté et l'honneur." Vous devez apprendre comment garder ce corps qui est le vôtre pur, propre, sain, et disponible pour l'Esprit de Dieu."

Votre corps est digne d'honneur. C'est une merveilleuse création de Dieu qui a été conçue pour être le temple du Saint-Esprit. (voir 1 Corinthiens 3:16 ; 6:19) Il est de votre responsabilité de garder ce temple dans la meilleure condition possible à tous points de vue. Par exemple, je ne crois pas qu'un chrétien sincère puisse négliger sa santé car le corps est intimement lié avec les desseins de sainteté de Dieu.

Paul donne des instructions similaires aux Romains: *Ne livrez pas vos membres au péché comme des instruments d'iniquité ; mais donnez-vous à Dieu ...comme des instruments de justice.* (Romains 6:13)

Je ne suis pas d'accord avec le fait que quelqu'un dégrade intentionnellement l'état de son corps de quelque façon que ce soit. La sainteté, n'est pas simplement une liste de choses à ne pas faire. C'est une idée que je vais souligner tout au long de ce livre. Tout ce qui abîme le corps n'est pas saint, peu importe ce que c'est.

Entièrement sanctifiés

Le dernier verset que nous allons examiner se trouve au chapitre 5 de 1 Thessaloniciens. Dans ce chapitre, Paul revient sur le thème de la sainteté et le résume en une des phrases les plus glorieuses des Ecritures :

que le dieu de paix vous sanctifie lui-même tout entiers... (1 Thessaloniciens 5:23)

"*Tout entiers*" cela signifie "entièrement" ou "complètement". C'est sans doute de ce verset qu'est né le concept de la sanctification complète, concept cher à certaines dénominations. Bien comprise, la sanctification complète est une doctrine biblique. Mais elle ne doit pas être confondue avec l'enseignement extrême de "la perfection sans péché" qui n'est pas ce que la Bible enseigne. Paul a prié ici pour que ces gens soient entièrement sanctifiés, complètement, tout entiers. Puis, il a été très précis sur ce que cela signifiait:

Que le Dieu de paix vous sanctifie lui-même tout entiers, et que tout votre être, l'esprit, l'âme et le corps soit conservé irrépréhensible, lors de l'avènement de notre seigneur Jésus-Christ. Celui qui vous a appelés est fidèle et c'est lui qui le fera. (versets 23-24)

Remarquez encore une fois que la motivation pour une sainteté personnelle, c'est le retour de notre Seigneur Jésus-Christ. En vue de cet évènement, Paul demande de se garder -esprit, âme et corps- propre, pur et prêt. La sanctification s'applique dans tous les domaines de la vie. Quand Jésus viendra il viendra pour une personnalité complète. Et cette personnalité doit être sanctifiée, sainte, mise à part pour Dieu.

Chapitre 7

Une révélation de la sainteté de Dieu

Le livre de Job décrit une révélation de la souveraineté de Dieu et de sa sainteté et nous allons le développer dans ce chapitre. Ma femme Ruth et moi avons souvent étudié Job ensemble et ce fut toujours une expérience enrichissante. Un jour, alors que nous avions juste fini de relire le livre, je lui fis remarquer que personne ne pouvait expliquer Dieu. Je crois qu'il est très important pour nous de comprendre qu'il est impossible d'expliquer pleinement Dieu. Il est insondable et totalement souverain.

Voici ma définition de la souveraineté: Dieu fait ce qu'il veut, quand il veut, comme il veut et il ne demande la permission à personne. A l'inverse de notre culture contemporaine qui pense que si Dieu veut faire quelque chose, il lui faut notre permission. Encore une fois, les gens qui pensent ainsi vont connaître un réveil brutal.

Dieu est souverain dans nos vies

L'une des découvertes les plus marquantes que j'ai faites en méditant les expériences de Job c'est la façon étonnante dont Dieu le traite. En un sens, Dieu a remis Job à Satan en lui disant: "Tu peux aller jusque là, Satan, mais pas plus loin." Satan contrôlait les situations négatives de la vie de Job mais nous devons savoir que Satan n'a pu faire ces choses que lorsque Dieu le lui a permis.

Un autre fait étonnant, c'est que Job était l'homme le plus juste de sa génération. (voir Job 1:8). Alors quel était donc le but de Dieu dans tout ce qui lui est arrivé? Je pense que Dieu a utilisé toutes les choses négatives que Satan a faites pour amener Job à un stade où il a pu se révéler à lui dans un face à face. C'était l'objectif suprême.

Prenons quelques instants pour considérer ce que Dieu projetait en amenant cet homme, Job, à le rencontrer.

L'homme d'Uts

Il y avait un homme dans le pays d'Uts, un homme qui s'appelait Job. Et cet homme était intègre et droit ; il craignait Dieu et se détournait du mal... L'Eternel dit à Satan: as-tu remarqué mon serviteur Job ? Il n'y a personne comme lui sur la terre ; c'est un homme intègre et droit, craignant Dieu et se détournant du mal. (Job 1:1, 8)

Ces versets contiennent quelques faits remarquables. Tout d'abord, Satan a accès à la présence de l'Eternel. Il le fait parfois et j'ai dû m'y faire. Mais le plus étonnant est le fait que l'Eternel montre Job à satan. Il lui dit: "As-tu déjà vu un homme comme ça, Satan ?"

Bien entendu, Satan répond de façon méchante en disant: "Regarde tout ce qu'il a. Tu prends soin de lui pour tout. Tu pourvoies en tout." Alors l'Eternel dit: "D'accord. Tu peux tout lui prendre mais ne le touche pas."

Voyons ce que Job avait quand il a commencé et ce qu'il a perdu:

Il possédait sep mille brebis, trois mille chameaux, cinq cents paires de bœufs, cinq cents ânesses, et un très grand nombre de serviteurs. Et cet homme était le plus considérable de tous les fils de l'orient. (Job 1:3)

Tous ces biens ont été détruits par Satan, non seulement les animaux mais aussi presque tous les serviteurs qui prenaient soin d'eux. Aux versets 14-15, nous lisons:

Il arriva auprès de Job un messager qui dit: les bœufs labouraient et les ânesses paissaient à côté d'eux ; des sabéens se sont jetés dessus, les ont enlevés et ont passé les serviteurs par le fil de l'épée. Et je me suis échappé moi seul pour t'en apporter la nouvelle.

Les cinq cents paires de bœufs, et les cinq cents ânesses furent prises et tous les serviteurs qui s'en occupaient furent tués sauf un. Nous lisons ensuite au verset 16:

Il parlait encore lorsqu'un autre vint et dit: le feu de Dieu est tombé du ciel, a embrasé les brebis et les serviteurs et les a consumés. Et je me suis échappé moi seul pour t'en apporter la nouvelle.

Sept mille brebis ont péri. J'aimerais préciser que le "*feu de Dieu*" était aux ordres de Satan. Cela ne signifie pas que c'est Dieu qui l'avait envoyé. C'était seulement comment les gens l'appelait.

Une fois de plus il n'y a qu'un seul serviteur survivant. Au verset 17, nous lisons:

Il parlait encore lorsqu'un autre vint et dit: des chaldéens formés en trois bandes se sont jetés sur les chameaux, les ont enlevés, et ont passé les serviteurs au fil de l'épée. Et je me suis échappé moi seul, pour t'en apporter la nouvelle.

Trois mille chameaux ont été volés et encore une fois tous les serviteurs sauf un, ont péri. Enfin, les versets 18-19:

Il parlait encore lorsqu'un autre vint et dit: tes fils et tes filles mangeaient et buvaient du vin dans la maison de leur frère aîné ; et voici, un grand vent est venu de l'autre côté du désert, et a frappé contre les quatre coins de la maison ; elle s'est écroulée sur les jeunes gens et ils sont morts. Et je me suis échappé moi seul pour t'en apporter la nouvelle. (Job 1:18-19)

Cette fois, Job a perdu sept fils et trois filles. J'ai toujours dit aux gens que si le vent frappe les quatre coins d'une maison en même temps, c'est que Satan est derrière tout ça. Nous devons prendre note du fait que Satan a beaucoup plus de ressources que la plupart d'entre nous l'imaginent.

Dans Job 2, nous voyons qu'après tout cela le diable retourne voir Dieu.

L'Eternel dit à Satan: D'où viens-tu ? Et Satan répondit à l'Eternel: De parcourir la terre et de m'y promener. L'Eternel dit à Satan: As-tu remarqué mon serviteur Job ? Il n'y a personne comme lui sur la terre ; c'est un homme intègre et droit, craignant Dieu et se détournant du mal. Il demeure ferme dans son intégrité et tu m'excites à le perdre sans motif. Et Satan répondit à l'Eternel Peau pour peau ! Tout ce que possède un homme il le donne pour sa vie. Mais étends ta main, touche à ses os et à sa chair et je suis sûr qu'il te maudit en face. L'Eternel dit à Satan: Voici, je te le livre ; seulement épargne sa vie. Et Satan se retira de devant la face de l'Eternel.. Puis il frappa Job d'un ulcère malin depuis la plante du pied jusqu'au sommet de la tête. (versets 2 à 7)

Ces ulcères étaient le comble de l'insulte. D'ailleurs, ce passage met clairement en évidence que Satan peut être responsable d'une maladie. Je ne dis pas que c'est la seule cause ou qu'il en est toujours la cause. Mais il est l'une des causes de maladie.

Résumons ce qui a été détruit pour que Dieu puisse se frayer un chemin jusqu'à Job. Cinq cents paires de bœufs, cinq cents ânesses, et tous les serviteurs qui prenaient soin d'eux sauf un. Sept mille brebis, et tous les bergers qui s'en occupaient sauf un. Trois mille chameaux et tous les serviteurs moins un. Et enfin, tous les enfants de Job: sept fils et trois filles. Toutes ces pertes ont eu lieu avec la permission de l'Eternel. Je me suis souvent demandé ce que Dieu cherchait. J'ai compris qu'il voulait se révéler à lui et qu'il préparait Job à cette révélation.

Dieu se révèle lui-même à vous

Ce récit montre que Dieu estime les choses différemment de nous. A cause de l'importance que cet homme avait pour lui, il a sacrifié toutes ces choses. Dieu n'est jamais injuste. Mais il poursuit un but, un dessein, dans tout ce qu'il fait et nous ne pouvons toujours le comprendre.

J'aimerais souligner clairement ce point parce que je crois que cela peut s'appliquer à vous dans une moindre mesure. Vous vous demandez peut-être parfois: "Pourquoi est-ce que cela m'est arrivé ? Pourquoi est-ce que je dois traverser ces choses ? Pourquoi Dieu permet-il que cela arrive ? Les autres ne semblent pas avoir les mêmes problèmes que moi." (Je suis sûr que vous n'avez jamais pensé cela !)

Souvent, la raison pour laquelle nous traversons des difficultés est la même que pour Job. Nous n'avons rien vécu de l'ordre de ce que Job a vécu. Mais Dieu a permis que nous traversions toutes sortes d'épreuves et de situations que nous n'avons pas vraiment appréciées. Ces épreuves et ces difficultés ont été difficiles à supporter et pas faciles à comprendre. Mais l'Eternel les a permises parce qu'il veut nous amener à l'endroit où il peut se révéler à nous.

Le résultat de l'expérience de Job

1.   Job demeura juste (Job 23:10–12)

Regardons maintenant les résultats de l'expérience de Job. Tout d'abord au milieu des pressions et des difficultés Job reste juste. Il dit:

Il (l'Eternel) *sait néanmoins quelle voie j'ai suivie ; et s'il m'éprouvait, je sortirais pur comme l'or.* (C'est une merveilleuse affirmation) *Mon pied s'est attaché à ses pas ; j'ai gardé sa voie, et je ne m'en suis pas détourné ; je n'ai pas abandonné les commandements de ses lèvres ; j'ai fait plier ma volonté aux paroles de sa bouche.* (Job 23:10-12)

Tous les soit-disant amis de Job ont essayé de le convaincre qu'il avait dû faire quelque chose de mal et qu'il avait dû vraiment mériter ce qui lui arrivait. Job rejette avec force ces assertions. De façon étonnante, Dieu lui-même rend témoignage à la justice de Job et il le fait avant même que les problèmes de Job commencent:

Il y avait dans le pays d'Uts un homme qui s'appelait Job. Et cet homme était intègre et droit ; il craignait Dieu, et se détournait du mal...L'Eternel dit à Satan: As-tu remarqué mon serviteur Job ? Il n'y a personne comme lui sur la terre ; c'est un homme intègre et droit, craignant Dieu et se détournant du mal. (Job 1:1, 8)

L'Eternel dit à Satan: As-tu remarqué mon serviteur Job ? Il n'y a personne comme lui sur la terre ; c'est un homme intègre et droit, craignant Dieu et se détournant du mal. Il demeure ferme dans son intégrité et tu m'excites à le perdre sans motif. (Job 2:3)

Puis, à la fin de tout cela, quand Satan a été autorisé à faire tout ce qu'il voulait sauf prendre la vie de Job, le Seigneur donne de lui ce témoignage:

Après que l'Eternel eut adressé ces paroles à Job il dit à Eliphaz de Théman: ma colère est enflammée contre toi et contre tes deux amis, parce que vous n'avez pas parlé de moi avec droiture comme l'a fait mon serviteur Job. Prenez maintenant sept taureaux et sept béliers allez auprès de mon serviteur Job et offrez pour vous un holocauste. Job, mon serviteur, priera pour vous, et c'est par égard pour lui seul que je ne vous traiterai pas selon votre folie ; car vous n'avez pas parlé de moi avec droiture comme l'a fait mon serviteur Job. (Job 42:7-8)

Malgré tout ce qui est arrivé à Job, l'Eternel dit quand même qu'il était parfaitement juste. Dieu dit en substance aux amis de Job: "Vous, religieux hypocrites, avec tous vos discours religieux, vous devez vous repentir." Mais remarquez que pour Job, Dieu ne demande pas de repentance. Au lieu de cela, il certifie que Job était juste.

2.   *Job s'est repenti quand il a vu la sainteté de Dieu face à face*

Il est étonnant de voir Dieu apparaître sur la scène pour déclarer Job juste. Mais nous voyons un principe profond de sainteté dans l'attitude de Job quand il rencontre Dieu face à face. Voici ce que dit Job à Dieu quand il a une révélation personnelle de lui:

Ecoute-moi et je parlerai ; je t'interrogerai et tu m'instruiras. Mon oreille avait entendu parler de toi ; mais maintenant mon oeil t'a vu. C'est pourquoi je me condamne et je me repens sur la poussière et sur la cendre. (Job 42:4-6)

Voici un homme qui était juste, selon le propre témoignage de Dieu. Mais quand il arrive devant la présence de Dieu il dit: "Je me condamne". Que s'est-il passé ? Je crois qu'il a vu une partie de la sainteté de Dieu et en étant confronté à sa justice, Job devait se repentir. Il devait s'humilier. Je crois que c'était là le but de Dieu dans la façon dont il a traité Job. Encore une fois, il oeuvrait pour amener Job à l'endroit où il serait confronté à la révélation de lui-même. Pour moi, cela donne tout son sens au livre de Job.

Cela donne aussi un sens à nos vies. Comme je l'ai noté plus haut, ce que Job a expérimenté peut s'appliquer à votre vie et à la mienne. Historiquement, le livre de Job est le plus ancien livre de la Bible. N'est-ce pas intéressant que la Bible commence par une énigme ? Il traite de cette curieuse question: Pourquoi un homme comme Job a souffert malgré toute sa justice, justice que le Seigneur lui-même reconnaissait ?

Nous passons tous par des expériences difficiles. Souvent, nous ne comprenons pas ce que nous traversons ni pourquoi. Vous avez peut-être prié ainsi: "Seigneur, pourquoi as-tu pris ma femme ?" ou "Pourquoi mon mari m'a-t-il quitté ?" ou "Pourquoi mes enfants se sont avérés une telle déception?" Quand nous passons par des temps de souffrance nous adressons ce genre de questions à Dieu.

Mais je crois que Dieu utilise nos expériences difficiles pour nous amener à un endroit où nous le connaîtrons mieux et où nous serons plus qualifiés pour le servir. Après que Paul ait été lapidé à Lystre pour avoir prêché l'Evangile, lui et Barnabas ont dit aux chrétiens: C'*est par beaucoup de tribulations qu'il nous faut entrer dans le royaume de Dieu.* (Actes 14:22) Une route qui évite les tribulations ne mène pas au royaume de Dieu.

La sainteté vient de Dieu

En étudiant la Bible, j'en suis arrivé à la conclusion que ce que Dieu a de plus grand à nous offrir, c'est la révélation de sa personne. Nous devons cependant nous préparer à cette révélation. Beaucoup de choses doivent être ajustées en nous au préalable. Nos priorités doivent changer avant de pouvoir recevoir la révélation.

Quelle est cette révélation ? C'est sa sainteté. Job était un homme parfaitement juste selon les critères humains. Mais quand il a eu la révélation du Seigneur il a dit: "*C'est pourquoi je me condamne et je me repens sur la poussière et sur la cendre.*" (Job 42:6) C'est la différence entre la sainteté de Dieu et le mieux que nous puissions faire. C'est pourquoi la sainteté n'est pas un ensemble de bonnes oeuvres. La sainteté c'est ce que Dieu nous transmet dans la mesure où nous pouvons le recevoir.

Permettez-moi de souligner une vérité supplémentaire à propos du livre de Job:

Pendant ses dernières années, Job reçut de l'Eternel plus de bénédictions qu'il n'en avait reçu dans les premières. Il posséda quatorze mille brebis (le double de ce qu'il avait auparavant) six mille chameaux (le double), mille paires de bœufs (le double) et mille ânesses (le double). Il eut sept fils et trois filles. (Job 42:12-13)

Tout ce qui est revenu à Job a été doublé à l'exception de ses enfants: il en a eu le même nombre. Ce fait révèle vraiment une merveilleuse vérité.

Je me souviens quand un cher ami a subitement perdu sa fille aînée dans un accident de bateau. Dieu lui a parlé et lui a dit: "Tu ne l'as pas perdue. Elle est partie en haut." De la même manière, Job n'a pas perdu ses fils et ses filles. Il n'avait pas besoin qu'on lui en redonne le double. Il en a eu le double en recevant le même nombre.

Vous seriez peut-être tenté de penser que Job a perdu beaucoup d'énergie dans l'intercession pour sa famille. (voir Job 1:4-5) Ses enfants ont tous été balayés dans une catastrophe. Mais encore une fois ils n'ont pas été balayés. Cette vérité est très importante pour nous. Nous n'avons pas perdu nos bien-aimés s'ils étaient en Christ. Ils sont juste partis avant nous. Et si nous gardons la foi, nous finirons là où ils sont. Je dis "si nous gardons la foi" parce que personnellement et (cela peut porter à controverse) je ne prends pas pour acquis que j'irai au ciel. Je dois remplir les conditions jusqu'au dernier moment. Mais par la grâce de Dieu, je crois que ce sera le cas, et je crois que ce sera vrai pour vous aussi. Mais ne le considérez pas comme acquis. Ne prenez pas cela à la légère et ne devenez pas auto-satisfait sur ce point.

Régler les difficultés de votre passé

Tout ce dont nous avons parlé dans ce chapitre est en relation avec la révélation de la sainteté. La sainteté de Dieu ne peut pas s'expliquer et ne peut pas se définir; elle ne peut qu'être révélée. Et Dieu ne peut se révéler dans sa sainteté que dans la mesure où nous sommes préparés à cette révélation.

Vous êtes peut-être passé par des épreuves que vous ne compreniez pas. Souvent, vous avez crié à Dieu: "Pourquoi ?" Je ne peux pas vous expliquer pourquoi. Mais il se pourrait bien que Dieu soit à l'origine de ces choses car il a le désir de vous amener à un stade où vous pourrez avoir une révélation de sa sainteté.

Alors que nous terminons ce chapitre, je crois qu'il serait bon de passer un peu de temps pour laisser Dieu nous rappeler notre passé. Pensez à tout ce que vous avez traversé et aux déceptions que vous avez eues. Puis demandez à Dieu ce qu'il avait en tête en permettant ces choses.

Je ne peux pas imaginer qu'il existe un être humain qui n'ait jamais connu de déception dans sa vie. En général, j'ai été plutôt favorisé. J'ai bien sûr connu moi aussi des déceptions et des épreuves que je n'ai pas comprises. Je dois vous dire que je ne peux pas vous donner la raison des épreuves qui vous arrivent dans la vie. Il n'y a qu'une personne qui a la réponse, et cette personne est le Seigneur.

Mais si vous voulez croire en son absolue justice, en son amour et sa miséricorde infaillibles, alors vous pouvez avoir une perspective différente des expériences qui vous ont troublées et tourmentées. Vous pouvez reconnaître qu'elles ont pour but de vous amener à une rencontre avec le Seigneur et à une révélation de sa sainteté. Alors vous pourrez en ressortir comme Job: victorieux.

Chapitre 8

Discipline divine/plénitude de vie

En continuant à explorer les desseins de la discipline de Dieu en relation avec la sainteté, il serait bon de ne pas perdre de vue le but. Dieu veut que nous expérimentions la vie abondante (voir Jean 10:10) et une étape essentielle pour obtenir la vie abondante, c'est sa discipline.

A cet égard, laissez-moi vous citer un verset merveilleux à proclamer:

La crainte de l'Eternel mène à la vie, et l'on passe la nuit rassasié, sans être visité par le malheur. (Proverbes 19:23)

Comment pouvons-nous nous détourner de quelque chose d'aussi bon que cela ? Beaucoup de chrétiens sont intimidés par l'idée de la crainte de l'Eternel. Pourtant la crainte de l'Eternel et l'acceptation de ses plans pour nos vies nous conduisent à la vie en lui dans sa pleine mesure.

Participants à la sainteté de Dieu

Si Dieu exige de nous la sainteté, il est logique qu'il nous donne les moyens de l'acquérir. L'un des moyens est la soumission à sa discipline qu'il étend sur nous comme un Père céleste aimant. Nous allons regarder différents passages dans le livre des Hébreux sur ce sujet:

Considérez, en effet, celui (Jésus) *qui a supporté contre sa personne une telle opposition de la part des pécheurs, afin que vous ne vous lassiez point, l'âme découragée. Vous n'avez pas encore résisté jusqu'au sang, en luttant contre le péché. Et vous avez oublié l'exhortation qui vous est adressée comme à des fils: "mon fils, ne méprise pas le châtiment du Seigneur, et ne perds pas courage lorsqu'il te reprend ; car le Seigneur châtie celui qu'il aime et il frappe de la verge tous ceux qu'il reconnaît pour ses fils. Supportez le châtiment: c'est comme des fils que Dieu vous traite ; car quel est le fils qu'un père ne châtie pas ? Mais si vous êtes exempts du châtiment auquel tous ont part, vous êtes donc des enfants illégitimes et non des fils. D'ailleurs puisque nos pères selon la chair nous ont châtiés et que nous les avons respectés, ne devons-nous pas à bien plus forte raison nous soumettre au Père des esprits pour avoir la vie ?* (Hébreux 12:3-9)

La clé pour avoir la vie, c'est d'être soumis au *"Père des esprits."* Si vous ne lui êtes pas soumis, vous ne pouvez pas réellement connaître la vie qu'il veut pour vous.

Des fils et des filles légitimes

Regardons de nouveau Hébreux 12:10 qui compare la discipline de Dieu à celle des parents terrestres:

*Nos pères (*nos parents humains) *nous châtiaient pour peu de jours comme ils le trouvaient bon.*

Cela ne signifie pas que les parents terrestres prennent plaisir à punir leurs enfants. Cela signifie simplement qu'ils le font avec la meilleure compréhension dont ils disposent. Tout le monde sait que parfois les parents ne sont pas toujours sages ou justes dans leur discipline. Néanmoins, ils font en général du mieux qu'ils peuvent.

L'auteur des Hébreux continue:

... mais Dieu nous châtie pour notre bien, afin que nous participions à sa sainteté. (Hébreux 12:10)

Remarquez que la finalité de tout châtiment et de toute correction est: *"que nous participions à sa (*celle de Dieu) *sainteté"*. Tel est le but ultime de la discipline divine. C'est le but vers lequel Dieu dirige toutes ses interventions et tous ses contrôles sur notre vie.

J'ai rencontré de nombreux chrétiens qui étaient croyants depuis quinze ou vingt ans et qui pensaient que Dieu n'avait plus besoin de les corriger. En fait, Dieu a besoin de nous corriger vous et moi jusqu'à ce que nous devenions participants à sa sainteté. Tant que ce but n'est pas atteint, nous sommes soumis au châtiment et à la correction.

Au verset 11 nous lisons:

Il est vrai que tout châtiment semble d'abord un sujet de tristesse et non de joie mais il produit plus tard pour ceux qui ont été ainsi exercés un fruit paisible de justice.

Le mot grec traduit par *"exercé"* signifie "entraîné sportivement". C'est comme si vous suiviez un programme d'entraînement athlétique rigoureux ; cela demande de la discipline. Cela signifie aller contre la résistance de votre corps à l'effort et continuer malgré la douleur des muscles endoloris. Cela signifie endurer les privations. Mais le but est de développer la force, l'endurance, l'agilité et la performance. De même, même si notre formation à travers le châtiment est douloureuse le but est que nous participions à la sainteté de Dieu.

La sainteté n'est pas optionnelle

Le passage de l'Ecriture que nous venons de voir se termine ainsi:

Fortifiez donc vos mains languissantes et vos genoux affaiblis ; et suivez avec vos pieds des voies droites, afin que ce qui est boiteux ne dévie pas, mais plutôt se raffermisse. Recherchez la paix avec tous, et la sanctification sans laquelle personne ne verra le Seigneur. (Hébreux 12:12-14)

Selon ce passage, la sainteté n'est pas une option. C'est une partie du salut. Durant des années, nous, les chrétiens avons donné une très mauvaise impression. Parfois, nous avons laissé croire aux gens que tout ce dont ils avaient besoin c'était d'"être sauvés". S'ils voulaient aller plus loin et recevoir le baptême dans le Saint-Esprit, c'était en quelque sorte des études supérieures facultatives. Ces idées sont en totale contradiction avec l'Ecriture car la parole de Dieu dit que sans la sainteté, nul ne verra le Seigneur.

Nous avons aussi donné l'impression fausse que le salut est une sorte de condition statique. L'idée était celle-ci: "La meilleure chose à faire pour garder le salut, c'est de s'asseoir dans l'Eglise et de rester tranquille." Le salut n'est pas une condition statique et quelqu'un qui espère être en sécurité en restant tranquillement assis dans l'Eglise court en fait un grave danger.

Le salut est une façon de vivre. Il est progressif, il se développe, il est en mouvement perpétuel. Ayant été pasteur pentecôtiste durant des années je peux donc affirmer la chose suivante: les pentecôtistes et les baptistes ont souvent induits en erreur le peuple de Dieu quant à l'essence du salut. Beaucoup de bons fondamentalistes et de pentecôtistes qui se disent sauvés sont en fait bien loin du salut de Dieu. Si vous me dites: "J'ai été sauvé en 1953". Je réponds: "Que Dieu te bénisse mon frère, mais nous sommes maintenant quelques dizaines d'années plus tard. Que s'est-il passé depuis ?"

Si vous n'avez pas grandi spirituellement depuis que vous avez été sauvé, vous êtes une aberration. Si vous n'avez fait aucun progrès, le mot *"sauvé"* ne s'applique plus à vous. Encore une fois, selon l'Ecriture le but ultime vers lequel nous tendons, jour après jour c'est de devenir participants à la sainteté de Dieu.

J'ai pleuré en mon for intérieur sur beaucoup de chers frères et sœurs qui ont été châtiés par Dieu et ne l'ont pas reconnu parce que leur théologie leur enseignait que ça n'existait pas. C'est une tragédie et cela me touche beaucoup. C'est une affaire sérieuse de ne pas se soumettre au châtiment de Dieu.

Un autre passage de l'Ecriture illustre ce principe. Proverbes 4:18:

Le sentier des justes est comme la lumière resplendissante dont l'éclat va croissant jusqu'au milieu du jour.

Si vous marchez dans la voie de la justice, la lumière de votre sentier sera chaque jour de plus en plus brillante. Si vous marchez à la lumière de la veille, vous êtes en quelque sorte rétrograde. Il n'y a en Dieu aucun endroit pour s'arrêter tant qu'on n'a pas atteint le but final. Et ce but c'est d'être *"participants à sa sainteté."* (Hébreux 12:10)

Deux erreurs courantes en ce qui concerne la discipline de Dieu

Explorons plus avant la question de savoir pourquoi Dieu nous discipline. Vous souvenez-vous ce que l'auteur des Hébreux dit à ce propos ?

Et vous avez oublié l'exhortation qui vous est adressée comme à des fils: mon fils ne méprise pas le châtiment du Seigneur et ne perds pas courage lorsqu'il te reprend, car le Seigneur châtie celui qu'il aime et il frappe de la verge tous ceux qu'il reconnaît pour ses fils. (Hébreux 12:5-6)

Il existe deux erreurs courantes face à la discipline de Dieu.

Certaines personnes malgré le châtiment du Seigneur disent: "Je ne crois pas que Dieu me traiterait ainsi, parce que Dieu ne traite pas ainsi ses enfants. Cela ne vient pas de Dieu. Je ne le crois pas. Je ne l'accepte pas."

D'autres sont découragées par les circonstances de leur vie et disent: "Eh bien si c'est ainsi que Dieu me traite, je n'ai plus d'espérance. Pourquoi devrais-je passer par un tel chemin ? Vous voulez dire que Dieu est derrière tout ça ? Je ne le crois pas. C'est trop. J'abandonne." Ils disent en fait: "Je me couche et je laisse le diable me marcher dessus."

A l'inverse de ces deux erreurs, nous devons nous souvenir qu'être châtié, corrigé ou discipliné est la preuve que nous sommes de véritables fils et filles de Dieu. Si nous ne sommes pas disciplinés malheur à nous. Dieu ne nous traite pas comme ses enfants.

L'auteur des Hébreux dit aussi que nous avons eu des pères terrestres qui nous ont disciplinés et nous les avons respectés. Malheureusement, ce n'est plus souvent vrai aujourd'hui. J'ai observé que beaucoup de pères ne disciplinent pas leurs enfants. Par la grâce de Dieu, je suis à la tête d'une famille nombreuse. J'ai vu des enfants grandir dans toutes sortes de voies. Et je voudrais dire que si vous voulez que votre enfant vive des moments difficiles, il suffit de le gâter. Vous pouvez être certain qu'il ne s'adaptera pas dans la vie. Les enfants sans discipline traverseront la vie en croyant que la vie les traitera comme leurs parents les ont traités. Mais dans la vie ça ne fonctionne pas comme ça. La vie a des règles différentes.

La première chose dont un enfant a besoin c'est d'amour. La seconde, c'est de discipline. L'un sans l'autre est inefficace. Je suis inquiet quand je vois comment certains parents élèvent leurs enfants et les préparent à une vie difficile à cause du manque de discipline aimante.

Comment réagir à la discipline de Dieu

Dans Hébreux 12:12-13 nous voyons comment nous devons réagir quand nous sommes châtiés ou disciplinés par le Seigneur.

Fortifiez donc vos mains languissantes et vos genoux affaiblis ; et suivez avec vos pieds des voies droites, afin que ce qui est boiteux ne dévie pas mais plutôt se raffermisse.

Ces versets nous disent clairement que nous ne devons pas nous apitoyer sur nous-mêmes. La première fois où j'ai été confronté à une situation dans laquelle des démons avaient été chassés et s'étaient nommés, le troisième démon s'était appelé "apitoiement de soi". Quand j'ai entendu cela, j'ai eu une révélation. Je me suis dit: "Maintenant je comprends pourquoi tant de gens ne sont jamais libérés. C'est parce qu'ils sont liés par l'apitoiement. Ils se disent: "Pauvre de moi. Je n'aurais jamais du connaître tout ça. Dieu est trop bon pour laisser ses enfants souffrir comme ça. Je dois chasser le diable." Beaucoup de gens perdent leur temps à chasser le diable quand ils doivent simplement se soumettre à Dieu. Le diable se moque de vous si vous le chassez alors que vous n'avez pas rempli les conditions de Dieu. Je crois que la discipline est une chance de laisser Dieu vous examiner. Je vous dirais donc: soumettez-vous à l'examen divin.

J'ai un arrière-plan britannique mais je me trouvais régulièrement submergé par le chagrin en pensant à l'état spirituel des Etats-Unis. Quelle est la réponse spirituelle à cet état ? Tout simplement, nous devons nous humilier devant le Dieu tout-puissant ? David dit: *"J'humiliais mon âme par le jeûne."* (Psaume 35: 13) Je ne crois pas que nous expérimenterons les percées personnelles que nous recherchons sans la pratique du jeûne. Et je ne crois pas qu'un réveil significatif vienne tant que le peuple de Dieu n'humiliera pas son âme dans le jeûne. L'humilité par le jeûne est un merveilleux instrument parce que l'orgueil est endémique dans le cœur humain. Chacun de nous est ainsi. Nous sommes par nature orgueilleux. Nous sommes par nature arrogants. Nous sommes par nature sûrs de nous. Nous sommes par nature centrés sur nous-mêmes. Nous devons changer. L'une des façons de traiter notre suffisance, c'est de nous humilier par le jeûne.

Je pense souvent à un avocat à Washington D.C. qui m'avait entendu enseigner sur le jeûne. Un jour, il décida de jeûner et il passa un très mauvais moment. Quand il passait devant un restaurant ou un endroit qui vendait de la nourriture, quelque chose le poussait à entrer. A la fin de la journée (et étant un bon juriste) il a parlé à son estomac et lui a dit: "Estomac, tu m'as beaucoup perturbé aujourd'hui et pour te punir, je vais jeûner demain." Voilà la façon de traiter un estomac indiscipliné.

Ce que je veux dire c'est qu'il nous faut agir positivement. Plutôt que de s'apitoyer sur nous-mêmes, quand nous sommes disciplinés par le Seigneur nous devons nous examiner, accepter le châtiment et agir de façon appropriée pour aller de l'avant dans notre relation avec le Seigneur.

L'importance de s'examiner soi-même

En rapport avec la discipline, je voudrais maintenant approfondir un peu plus ce sujet important: l'examen de soi. Comme je l'ai dit plus haut, beaucoup de chrétiens pensent qu'ils ont servi le Seigneur si longtemps, ont eu tant de résultats qu'ils n'ont plus besoin de discipline. Si vous pensez que vous n'avez plus besoin de discipline, c'est que vous en avez besoin.

Regardons les instructions de Paul concernant la Cène qui est le point central de tout l'Evangile chrétien.

Car j'ai reçu du Seigneur ce que je vous ai enseigné ; c'est que, le Seigneur Jésus, dans la nuit où il fut livré, prit du pain et, après avoir rendu grâces le rompit et dit: prenez et mangez. Ceci est mon corps, qui est rompu pour vous ; faites ceci en mémoire de moi. De même après avoir soupé il prit la coupe et dit: cette coupe est la Nouvelle Alliance en mon sang ; faites ceci en mémoire de moi toutes les fois que vous en boirez. Car toutes les fois que vous mangez ce pain et que vous buvez cette coupe, vous annoncez la mort du Seigneur jusqu'à ce qu'il vienne. (1 Corinthiens 11:23-26)

Quel merveilleux privilège de proclamer la mort du Seigneur. Je ne veux imposer ce modèle à personne mais à cause de notre vie itinérante, Ruth et moi prenions la sainte Cène ensemble en couple tous les matins. Cela nous donnait le privilège de proclamer quotidiennement la mort du Seigneur. Les chrétiens ne prendront pas la Cène éternellement mais seulement jusqu'à son retour. La Cène est un rappel permanent de son retour. Nous devons l'observer jusqu'à ce qu'il revienne.

Paul dit dans les versets qui suivent certaines vérités importantes, en commençant par 1 Corinthiens 11:27:

C'est pourquoi celui qui mangera le pain ou boira la coupe du Seigneur indignement sera coupable envers le corps et le sang du Seigneur.

C'est une affirmation extrêmement grave. Je dirais que l'on pourrait aussi traduire la phrase: "sera coupable de..." par "devra rendre des comptes pour..." Autrement dit, une fois que nous avons pris le repas du Seigneur, nous déclarons que nous savons que Jésus est mort et a versé son sang pour notre rédemption. Après cela, nous sommes responsables de ce que nous savons.

Puis Paul dit:

Que chacun donc s'éprouve soi-même, et qu'ainsi il mange du pain et boive de la coupe. (verset 28)

S'examiner avant de prendre la sainte Cène était une pratique de certaines dénominations et c'était parfois fait de façon très légaliste mais la base était biblique. Je crois que quiconque partage la communion devrait normalement prendre au moins quelques instants pour vérifier son état spirituel. La communion est une pratique spirituelle saine dans le sens où elle vous ramène à un point où vous devez examiner l'état de votre cœur. Nous ne pouvons pas continuer simplement jour après jour en prétendant simplement que tout va bien entre Dieu et nous, ou entre nous et les autres chrétiens. Un bon moment pour nous examiner c'est quand nous prenons le repas du Seigneur. Paul écrit donc:

Que chacun donc s'éprouve soi-même et qu'ainsi il mange du pain et boive de la coupe ; car celui qui mange et boit sans discerner le corps du Seigneur mange et boit un jugement contre lui-même. (1 Corinthiens 11:28-29)

Si vous partagez la communion d'une manière indigne, vous amenez un jugement sur vous -peu importe qui vous êtes ou depuis combien de temps vous êtes chrétien. Il n'y a pas limite dans le temps. Je suis chrétien depuis des années et Dieu me discipline encore. Je n'ai pas encore atteint le stade de la maturité qui évite la discipline.

Nos trois options

Paul donne encore d'autres raisons de s'examiner.

C'est pour cela qu'il y a parmi vous beaucoup d'infirmes et de malades, et qu'un grand nombre sont morts. (1 Corinthiens 11:30)

Pour quelle raison sont-ils morts ? Parce qu'ils ont négligé de s'examiner. Ils ont négligé de se juger. Si nous négligeons d'évaluer notre état spirituel, nous pouvons devenir faibles, malades, et certains d'entre nous mourront prématurément. Certains chrétiens sont morts prématurément pour la simple raison qu'ils n'ont pas eu la bonne attitude envers le Seigneur ou envers leurs frères chrétiens. Une telle attitude est clairement dangereuse et peut coûter cher. Quelle est la solution ?

Si nous nous jugions nous-mêmes, nous ne serions pas jugés. Mais quand nous sommes jugés, nous sommes châtiés par le Seigneur afin que nous ne soyons pas condamnés avec le monde. (1 Corinthiens 11:31-32)

Mon esprit logique me dit que nous avons trois possibilités: (1) Nous nous jugeons nous- mêmes et nous nous repentons, (2) nous sommes châtiés par le Seigneur et nous nous repentons, (3) nous négligeons de nous repentir et nous sommes jugés avec le monde.

Je ne crois pas qu'il y ait d'autres options: ces trois choix sont devant nous chaque fois que nous prenons le repas du Seigneur.

Nous devrions voir la Cène comme une fabuleuse opportunité de nous juger nous-mêmes -en faisant un bilan honnête de notre état spirituel- et ne jamais la prendre à la légère. Si nous nous jugeons nous-mêmes, à ce moment là Dieu n'a pas à le faire. Si nous sommes convaincus de péché, la meilleure chose à faire est de se repentir. Nous n'entrerons pas alors sous le jugement de Dieu. Mais si nous ne nous repentons pas, nous entrons sous le jugement de Dieu. Et si nous ne nous repentons pas à cet instant alors Dieu nous traitera comme il traite le monde. C'est parfaitement logique.

Une image de la repentance

Je crois que la repentance est l'une des réponses clé aux problèmes que rencontre l'Eglise et je voudrais vous donner ma propre définition, ou image de la repentance. Supposons que vous voyagiez sur une route dans la mauvaise direction et que vous approchiez d'une falaise. La repentance c'est comme appuyer sur le frein et s'arrêter. Mais ce n'est pas suffisant. Vous devez faire demi-tour et rouler dans la direction opposée.

Laissez-moi partager une expérience personnelle à cet égard. En 1991, à cause d'un manque de sagesse et parce que j'avais négligé les conseils de mon médecin, j'ai fait une endocardite bactérienne subaiguë. Je ne connaissais pas du tout cette maladie ; c'est une inflammation de la paroi du cœur qui est normalement fatale. En fait, avant les antibiotiques, il n'y avait pas de traitement.

Heureusement, j'étais suivi par un médecin relativement intelligent qui l'a diagnostiquée assez tôt et j'ai immédiatement commencé un traitement antibiotique de six semaines en intraveineuses.

La nuit précédant mon admission à l'hôpital (même si je ne savais pas encore que j'allais être hospitalisé) je cherchai le Seigneur. Je lui dis: "Seigneur, j'ai prêché la guérison, je crois en la guérison. J'ai été guéri et j'ai vu d'autres personnes guéries. Pourquoi est-ce que je ne suis pas guéri ? Il m'a fallu un certain temps pour comprendre la réponse du Seigneur parce qu'il ne me l'a pas donnée sous forme verbale. Il me l'a donnée par une série d'images de ma vie passée et la plupart de ces images avaient pour cadre des restaurants.

Je dirais qu'à cette époque j'étais un prédicateur pentecôtiste ou charismatique respectable et j'étais en communion avec des frères chrétiens très respectables eux aussi. Mais personne ne m'a dit que je n'agissais pas correctement mis à part le Seigneur. Il m'a montré que j'étais très indulgent avec moi-même et il m'a révélé que cette indulgence était à l'opposé de la maîtrise de soi. Vous ne pouvez pas pratiquer les deux en même temps. Mais le Seigneur ne m'a pas asséné cette vérité. Il m'a simplement donné ces petites images. Et en y repensant j'ai commencé à voir. Alors j'ait dit: "Seigneur je comprends ce que tu me dis."

Quand j'ai réalisé ce que Dieu me disait j'ai fait demi-tour. Je me suis arrêté et j'ai fait demi tour et à partir de cet instant j'ai marché dans la direction opposée. J'avais du chemin à faire, mais au moins j'étais dans la bonne direction. Quand le Seigneur m'a parlé je crois que j'étais tout près du désastre. J'aurais pu tomber de la falaise et mourir. Si j'étais mort je n'aurais pas perdu mon âme mais j'aurais été disqualifié en tant que prédicateur.

Le temps de l'action

Où en êtes-vous maintenant spirituellement ? Devez-vous comme la plupart d'entre nous confesser à Dieu le péché qui consiste à flatter la chair et à être indulgent envers vous-mêmes ? Paul a dit: *Car la chair a des désirs contraires à ceux de l'Esprit, et l'Esprit en a de contraires à ceux de la chair.* (Galates 5:17) Le résultat, c'est que vous ne pouvez pas faire tout ce que vous voulez. *Ils sont opposés entre eux afin que vous ne fassiez pas tout ce que vous voudriez.* (verset 17) Luttez-vous pour faire certaines choses pour Dieu ? Si c'est le cas c'est que votre chair lutte contre l'Esprit. Qu'est-ce qui va dominer ? Votre réponse à cette question nécessite une décision personnelle importante de votre part.

Dans toute auto-évaluation et examen divin, nous devons arriver à un point de reconnaissance. J'aimerais que vous considériez un instant ce qui vous contrôle et ce qui contrôle votre vie. S'agit-il des désirs de la chair ? Est-ce votre appétit ? Est-ce le désir d'impressionner les gens ? Si c'est le cas, vous devez faire demi-tour et vous devriez le faire dès maintenant. Tout ce que je peux faire, c'est vous encourager à prendre cette décision. Des frères et des sœurs peuvent prier pour vous mais vous devez prendre la décision. C'est le propre de l'âme. L'âme prend ses propres décisions. Personne ne peut prendre une décision pour l'âme de quelqu'un d'autre.

Faire demi-tour

A la lumière de ce que nous avons vu dans ce chapitre, vous aurez peut-être à reconnaître des choses qui sont vraies pour vous, comme par exemple: "Je m'examine et je réalise que je suis très charnel. Je suis à bien des égards motivé et contrôlé par les désirs de ma chair. Je vois le besoin de faire demi tour- de m'arrêter, de me détourner et de repartir dans la direction opposée."

Si c'est là votre état d'esprit, et votre décision, je vous invite à reconnaître votre état et à dire au Seigneur votre besoin. Vous pouvez le faire en faisant cette prière:

Seigneur Jésus, je reconnais que j'ai été contrôlé par des désirs charnels. Je réalise que je t'ai attristé. J'ai attristé et étouffé ton Esprit. Je te demande pardon et je me repens. Je fais maintenant demi-tour. Je m'arrête maintenant et par ta grâce Seigneur et avec ton aide je me détourne. Et à partir de maintenant je vais continuer dans la direction opposée. Je ne serai plus contrôlé par mon corps. Je prends la domination sur mon corps dans le nom de Jésus et je l'amène à la soumission de l'Esprit de Dieu. Dans le nom de Jésus. Amen

Maintenant, commencez à remercier et adorer le Seigneur, en vous souvenant de notre passage des Hébreux qui dit que Dieu nous châtie...

... pour notre bien, afin que nous participions à sa sainteté. Il est vrai que tout châtiment semble d'abord un sujet de tristesse et non de joie ; mais il produit plus tard pour ceux qui ont été ainsi exercés un fruit paisible de justice. Fortifiez donc vos mains languissantes et vos genoux affaiblis ; et suivez avec vos pieds des voies droites, afin que ce qui est boiteux ne dévie pas, mais plutôt se raffermisse. (Hébreux 12:10-13)

Chapitre 9

La beauté spirituelle

Alors que nous avançons dans le thème de la sainteté, notons ce fait intéressant: la sainteté dans le domaine spirituel correspond à la beauté dans le domaine naturel. Autrement dit, ce qui est comparable à la beauté physique dans le domaine spirituel, c'est la sainteté. Quelqu'un qui se soucie de sa beauté, se soucie de la sainteté. Plus simplement, la sainteté est la beauté spirituelle.

La beauté de la sainteté

Regardons quelques affirmations de l'Ecriture qui véhiculent cette vérité en commençant par le Psaume 93:5:

Tes témoignages sont entièrement véritables ; la sainteté convient à ta maison.

Souvenez-vous que la maison de l'Eternel n'est pas un bâtiment d'église ; c'est le peuple de Dieu. Dans toutes les générations, la sainteté est ce qui orne le peuple de Dieu, ce qui lui convient, qui le met en valeur. La sainteté est aussi ce que Dieu exige dans sa maison.

La beauté de la sainteté est une expression qui est répétée plusieurs fois tout au long de l'Ecriture y compris dans les versets qui suivent:

O adorez le Seigneur dans la beauté de la sainteté. Ayez peur devant lui toute la terre.

(Psaume 96:9, traduit à partir de la traduction anglaise King James)

Rendez au Seigneur la gloire due à son nom. Adorez le Seigneur dans la beauté de la sainteté. (Psaume 29:2, même remarque que précédemment NDT)"

J'ai fréquenté toutes sortes de chrétiens et je me suis rendu compte que parfois les gens qui extérieurement avaient peu de qualités, avaient un plus grand degré de sainteté. Par exemple, j'ai connu un ou deux enfants atteints de trisomie 21. D'une certaine façon, ils sont simples. Mais quand ils se convertissent, ils connaissent Dieu bien mieux que la plupart d'entre nous. Ils ont la beauté intérieure de la sainteté même si cela s'accompagne d'anomalies extérieures comme une faiblesse physique ou un handicap. Si je devais choisir (bien que Dieu ne me l'ait pas demandé) je préfèrerais avoir la beauté intérieure de la sainteté plutôt qu'une sorte d'élégance, de force ou de pouvoir. Je désire honnêtement cette beauté pour les autres et pour moi parce que l'adoration que Dieu accepte, c'est une adoration qui est embellie par la sainteté de l'adorateur.

La belle armée de Dieu

Le Psaume 110 nous donne une image unique et forte du peuple de Dieu à la fin des temps. C'est une image de l'Eglise qui émerge après des siècles de ténèbres, de traditions humaines et d'erreur. L'Eglise que Dieu est en train d'engendrer sera une épouse faite pour rencontrer l'Epoux, Jésus. Nous voyons une description de cette Eglise dans le troisième verset du Psaume 110, mais regardons d'abord les deux premiers versets:

Parole de l'Eternel à mon serviteur: assieds-toi à ma droite, jusqu'à ce que je fasse de tes ennemis ton marchepied. L'Eternel étendra de Sion (Sion est le rassemblement du peuple de Dieu) *le sceptre de ta puissance ; domine au milieu de tes ennemis.* (Psaume 110:1-2)

Nous savons que "mon serviteur" dans le passage ci-dessus se réfère à Jésus. Cette partie de l'Ecriture a été reprise par Jésus lui-même (voir par exemple Matthieu 22:41-45). C'est une image de ce que Jésus fait maintenant. Ses ennemis rôdent toujours ; ils s'opposent toujours à lui. Mais il gouverne au milieu de ses ennemis dans le rassemblement de son peuple. Et le sceptre de sa force, de son autorité sortira de Sion.

Puis dans le Psaume 110:3, vient la description du peuple de Dieu à la fin des temps. Nous le lisons dans la version King James traduite en français:

Ton peuple sera bien disposé (la véritable signification est "offrandes volontaires," des offrandes entièrement consacrées, déposées sur l'autel de la sainteté de Dieu) *au jour de ta puissance dans les beautés de la sainteté du sein de l'aurore : te viendra la rosée de ta jeunesse.*

Je suis particulièrement attiré par la beauté du soleil qui se lève et qui illumine les feuillages et l'herbe. Quand le soleil se lève, chaque petite goutte de rosée commence à briller et à étinceler à la lumière du soleil. C'est à cela que ressemble la sainteté dans le domaine spirituel. Le peuple de Dieu *"sortira de l'utérus de l'aube dans les beautés de sainteté"* pour cette dernière grande manifestation de sa gloire et de sa puissance au milieu de son peuple.

Paré de sainteté

Enfin, regardons dans le Nouveau Testament pour examiner un très beau passage dans 1 Pierre, qui s'adresse particulièrement aux femmes chrétiennes. Permettez-moi de vous dire que je crois que certains prédicateurs ont tendance à trop insister sur ce que la Bible enseigne aux femmes, sans s'arrêter sur ce qu'elle enseigne aux hommes. Il est compréhensible que certaines femmes aient tendance à avoir une réaction négative à cette vision. Je vais faire très attention à ne pas reproduire ici cette erreur. Ce verset parle de la parure de la véritable sainte.

Ayez non cette parure extérieure qui consiste dans les cheveux tressés, les ornements d'or, ou les habits qu'on revêt... (1Pierre 3:3)

Même si je crois que tout chrétien doit être soigné, propre et avoir une apparence correcte, ce n'est pas ce qui importe vraiment. Les versets 4 et 5 le disent clairement:

... mais la parure intérieure et cachée dans le cœur, la pureté incorruptible d'un esprit doux et paisible qui est d'un grand prix devant Dieu. Ainsi se paraient autrefois les saintes femmes qui espéraient en Dieu.

Il existe une parure de sainteté qui est cachée dans l'être intérieur, dans le cœur. C'est *"un esprit doux et paisible."* Ceux qui nous côtoient peuvent ne pas s'en rendre compte mais aux yeux de Dieu, c'est extrêmement précieux.

Voulez-vous être considéré ainsi par le Seigneur ? Si tel est votre désir, pourquoi ne pas faire la prière qui suit pour conclure ce chapitre ?

Père, je te remercie pour ce message sur la sainteté dans ta parole ; il est si clair, si pénétrant, sans ambiguïté. Je te prie que je sois ouvert à la vérité, que je ne me détourne pas d'elle et que je ne résiste pas à l'Esprit de grâce. Je prie que quand l'Esprit me parle de sainteté, j'aie le désir d'écouter et de m'humilier. Je sais Seigneur que tu prends plaisir à habiter avec l'humble et l'opprimé. Je prie pour ton peuple, pour moi et pour les autres pour qu'à partir de maintenant quand tu nous regarderas tu nous voies dans la beauté de la sainteté. Et je serai attentif Seigneur, à te donner la louange et la gloire. Dans le nom de Jésus. Amen.

Chapitre 10

La provision de Dieu pour la sainteté

Dans les chapitres précédents, nous avons examiné la nature de la sainteté de Dieu -le seul aspect du caractère de Dieu qui n'ait aucun équivalent dans la création. Nous avons également noté le fait que Dieu exige la sainteté de son peuple et que quand Dieu exige quelque chose de nous il nous permet de l'accomplir. Dieu a pourvu pour nous afin que nous participions à sa nature et à sa sainteté. Cette vérité est la base de ce chapitre et il est très important que nous en tenions compte.

Une vie multipliée

Commençons par regarder dans 2 Pierre 1:2-4. Je vais essayer de le simplifier et de le rendre un peu plus actuel en exposant ces versets.

Il est intéressant de noter que bien que l'apôtre Pierre était pêcheur et l'apôtre Paul essentiellement étudiant et théologien quand on en arrive à leurs écrits le langage de Pierre est beaucoup plus élaboré que celui de Paul. Je pense que de tous les prédicateurs de l'Eglise primitive le prédicateur le plus remarquable n'était pas Paul mais Pierre. Paul n'était pas prédicateur. Il dit dans 2 Corinthiens 10:10 que ses ennemis l'ont beaucoup critiqué parce que *présent en personne, il est faible et sa Parole est méprisable.* Mais quand vous lisez les écrits de Pierre, vous réalisez qu'il a du être un orateur. Nous trouvons cette qualité dans le passage que nous allons voir maintenant.

La vie chrétienne n'est pas statique

Que la grâce et la paix vous soient multipliées par la connaissance de Dieu et de Jésus notre Seigneur. (2 Pierre 1:2)

Notons encore que la vie chrétienne n'est pas un état statique dans laquelle vous entrez par le salut pour vous reposer. La vie chrétienne est une vie de croissance, de progression et de multiplication. Franchement, s'il n'y a pas de croissance, de progression ni de multiplication dans votre vie spirituelle, je me demande si vous êtes vraiment entré dans le salut.

Rien de ce que Dieu a créé n'est statique, inamovible et inchangé. Le chrétien est sans nul doute le summum de la création de Dieu. Alors s'il doit y avoir une croissance continuelle, une augmentation, une progression, elle doit se faire dans la vie du chrétien. C'est ce que Paul indiquait quand il a dit: *que la grâce et la paix vous soient multipliées...* Cette communication de la grâce et de la paix de la part de Dieu ne cesse d'augmenter.

Tout dépend de notre connaissance de Dieu et de Jésus

Pierre dit ensuite: *... à travers la connaissance de Dieu et de Jésus notre Seigneur.* (2 Pierre:1-2). Tout est dans la connaissance de Dieu et de Jésus-Christ. Jésus a dit ailleurs que connaître le vrai Dieu, c'est cela, la vie éternelle. (Voir Jean 17:3) Comme je l'ai fait remarquer plus haut, une personne peut n'avoir aucune conception de ce qu'est la sainteté avant de commencer à connaître Dieu. Tout ce dont nous parlons ici est contenu dans le fait de connaître Dieu et Jésus-Christ d'une manière directe et personnelle.

Nous voyons le résultat de la connaissance de Dieu dans 2 Pierre 1:3-4:

Comme sa divine puissance nous a donné tout ce qui contribue à la vie et à la piété, au moyen de la connaissance de celui qui nous a appelés par sa propre gloire et par sa vertu, lesquelles nous assurent de sa part les plus grandes et les plus précieuses promesses afin que par elles vous deveniez participants de la nature divine en fuyant la corruption qui existe dans le monde par la convoitise.

Quatre vérités concernant la provision de Dieu

Nous trouvons dans ce passage quatre affirmations qui sont de la plus haute importance. Il y en a deux au verset 3, et deux au verset 4.

1. La pleine provision a déjà été donnée à travers la puissance de Dieu

Voici la première affirmation: *Sa divine puissance nous a donné tout ce qui contribue à la vie et à la piété...* (2 Pierre 1:3) Remarquez surtout le temps utilisé. Le temps se réfère à la forme verbale, qui nous donne le temps de l'action. Il n'est pas dit que Dieu *nous donnera,* mais qu'il nous *a donné.* Dieu a déjà donné tout ce qu'il nous faut pour cette vie et pour la suivante. Pour ce temps et pour l'éternité, Dieu a fait une provision complète par sa puissance. Il est essentiel de comprendre cette vérité.

2. *La provision vient à travers la connaissance de Christ.*

La deuxième partie de 2 Pierre 1:3 dit: *... au moyen de la connaissance de celui* (Jésus-Christ) *qui nous a appelés par sa propre gloire et par sa vertu...* Là où la traduction dit 'connaissance' le mot en grec original dit 'reconnaissant'. Autrement dit, notre capacité à avancer dans les choses de Dieu vient en proportion du degré de connaissance que nous avons de Christ.

Permettez-moi de vous dire ici que l'Eglise ne peut être unie en discutant doctrine. En fait, l'expérience de l'histoire confirme que plus nous discutons doctrine plus nous sommes divisés. L'Eglise est unie par la connaissance de Jésus-Christ. Paul dit: *Jusqu'à ce que nous soyons tous parvenus à l'unité de la foi et de la connaissance du Fils de Dieu.* (Ephésiens 4:13) Encore une fois le mot grec pour 'connaissance' signifie 'reconnaissant'. Ainsi, nous avançons dans l'unité de la foi en proportion du degré de connaissance que nous avons du Seigneur Jésus-Christ.

Très simplement, chaque aspect de la véritable doctrine chrétienne est un aspect de Jésus-Christ et de son ministère. On expérimente le salut en reconnaissant Jésus comme Sauveur. On expérimente la guérison en reconnaissant Jésus comme celui qui guérit. On expérimente le baptême dans le Saint-Esprit en reconnaissant Jésus comme celui qui baptise. On expérimente la délivrance en reconnaissant Jésus comme celui qui délivre. Progresser dans la vie chrétienne et l'unité parmi les croyants ne se fait pas à coup de doctrines isolées et de discussions mais en reconnaissant le Seigneur Jésus-Christ tel qu'il est. Plus nous le reconnaîtrons, plus nous serons unis en lui et plus nous développerons nos propres expériences spirituelles. La deuxième partie de 2 Pierre 1:3 confirme donc cette vérité: nous entrons dans la provision de Dieu à travers la reconnaissance de Jésus-Christ.

3. La provision se trouve dans les promesses de Dieu

2 Pierre 1:4 énonce les véritables moyens par lesquels nous entrons dans ce que Dieu a prévu. La première partie du verset dit: ... *lesquelles nous assurent de sa part, les plus grandes et les plus précieuses promesses.* La provision de Dieu réside dans ses promesses. Il est très important pour nous de réaliser cette vérité.

La provision complète pour tous les chrétiens réside dans les promesses de Dieu. J'ai trouvé un petit slogan que j'aimerais que vous lisiez à haute voix. Lisez-le pour vous-mêmes d'abord puis dites-le à haute voix parce qu'ainsi vous pourrez le mémoriser. "La provision se trouve dans les promesses."

Proclamez-le encore afin que vous vous en souveniez: "La provision se trouve dans les promesses."

4. En nous appropriant les promesses de Dieu, nous partageons sa nature et nous échappons à la corruption du monde

Regardons maintenant la dernière partie de 2 Pierre 1:4 qui affirme clairement ce qui arrive quand nous nous approprions les promesses de Dieu. Vous pouvez y voir un seul résultat global ou deux. Peu importe. Le premier résultat quand on s'approprie les promesses que Pierre cite c'est que *vous deveniez participants de la nature divine...* Vous commencez à participer à la véritable nature de Dieu lui-même.

Puis, à la fin du verset 4, Pierre dit: ... *en fuyant la corruption qui existe dans le monde par la convoitise.* Plus nous partageons la nature de Dieu, plus nous échappons à la corruption de la vieille nature adamique déchue.

Reconnaissons ce fait: la corruption du péché et la nature divine sont incompatibles. Là où la corruption du péché prévaut, il n'y a rien de la nature divine. Là où la nature divine prévaut, il ne peut y avoir la corruption du péché. Ainsi, encore une fois, plus nous partageons la nature divine, plus nous nous éloignons de la corruption que nous avons héritée d'Adam.

Changer votre vie chrétienne

1. J'espère que j'ai rendu claires les vérités essentielles que nous venons de voir et que vous les avez comprises. Récapitulons-les pour en être certains. Si vous pouvez saisir ces faits, ils peuvent changer votre vie chrétienne.

2. Premièrement, Dieu par sa puissance a déjà tout pourvu pour nous. Dieu dit qu'il a déjà pourvu à tout ce que vous pourriez avoir besoin.

3. La provision se trouve dans les promesses de la parole de Dieu. (J'espère que vous avez déjà proclamé cette vérité et que vous vous l'êtes appliquée à vous-mêmes.)

4. En s'appropriant les promesses de Dieu dans sa Parole et en reconnaissant Christ, nous expérimentons deux choses dans notre vie chrétienne personnelle. Nous devenons participants à la nature divine -la nature même de Dieu- et en participant à la propre nature de Dieu nous échappons automatiquement à la corruption du monde.

Chapitre 11

Le pays des promesses

Dans le chapitre précédent, nous avons examiné quatre vérités qui façonnent notre vie chrétienne. Dans ce chapitre, j'aimerais illustrer ces vérités à partir de l'Ancien Testament, ou Ancienne Alliance. Nous allons commencer notre étude dans le livre de Josué, où nous trouvons une illustration claire. Regardons d'abord le contexte.

Notre héritage sous la Nouvelle Alliance

Sous l'Ancienne Alliance, l'héritage dans lequel Dieu avait conduit son peuple était la terre promise, le pays de Canaan. Sous la Nouvelle Alliance, l'héritage vers lequel Dieu conduit son peuple est un pays de promesses. Tous les principes qui s'appliquent sous l'Ancienne Alliance s'appliquent aussi sous la nouvelle.

Sous l'Ancienne Alliance, le dirigeant qui a conduit le peuple de Dieu dans la terre promise s'appelait Josué. Dans la Nouvelle Alliance, le chef qui conduit son peuple dans la terre des promesses s'appelle Jésus. En hébreu, *Jésus* et *Josué* sont un même mot.

Il y a deux livres dans l'Ancien Testament qui parlent spécifiquement de l'entrée du peuple de Dieu dans son héritage. Le premier est le livre du Deutéronome, qui pose les principes de base pour rentrer et rester dans l'héritage. Puis le livre de Josué décrit la vie pratique des enfants d'Israël quand ils ont appliqué les principes et sont entrés dans leur héritage. Si vous lisez Deutéronome et Josué sous cet angle, vous verrez que ces livres éclairent votre vie alors que vous entrez et demeurez dans votre héritage en Christ.

L'envoi de Josué

Après la mort de Moïse, serviteur de l'Eternel, l'Eternel dit à Josué, fils de Nun, serviteur de Moïse: Moïse, mon serviteur est mort ; maintenant, lève-toi passe ce Jourdain toi et tout ce peuple... (Josué 1:1-2)

Parfois, il faut qu'il y ait une mort avant qu'une nouvelle vie puisse émerger. Parfois, un ordre doit se terminer avant qu'un autre puisse émerger. Moïse était le chef choisi par Dieu pour faire sortir Israël d'Egypte. Mais Dieu avait dit à Moïse très clairement qu'il ne serait pas celui qui ferait entrer le peuple de Dieu dans son nouveau pays. (Voir Nombres 20:7-12.) Moïse devait mourir avant que le peuple de Dieu puisse y entrer.

Je crois qu'il existe un parallèle avec l'Eglise d'aujourd'hui. Je ne pense pas offenser quiconque en disant cela, et j'espère que vous comprendrez mes propos. Je crois qu'il y a eu un décès dans la chrétienté et ce décès, c'est celui de l'Eglise institutionnelle. Je ne dis pas que l'Eglise baptiste ou pentecôtiste ou épiscopale ou catholique est morte. Je dis que l'Eglise institutionnelle est morte. Et je crois que nous l'avons probablement pleurée trop longtemps.

Selon moi, l'Eglise institutionnelle est comme Moïse ; elle ne peut pas nous amener, nous, le peuple de Dieu dans l'héritage que Dieu a prévu pour nous dans cette génération. Nous avons besoin d'un nouveau dirigeant, d'un nouveau modèle, d'une nouvelle façon d'aller de l'avant. Et je crois que Dieu nous conduit dans ce nouveau modèle dans ces temps modernes.

Israël a été autorisé à pleurer Moïse trente jours. Dieu est psychologue. Il sait que les événements traumatisants choquent les gens et qu'il leur faut du temps pour se remettre. Puis après trente jours, il a dit à Josué: "Il est temps d'arrêter de pleurer et de commencer à bouger. Moïse est mort. Ce n'est pas la fin du monde. En fait, c'est la fin d'une ère et le commencement d'une autre."

Réaliser la promesse

Regardons maintenant les principes qui avaient cours quand Josué a été chargé de conduire le peuple de Dieu dans son héritage. L'Eternel dit:

Moïse, mon serviteur est mort ; maintenant donc, lève-toi, passe ce Jourdain, toi et tout ce peuple, pour entrer dans le pays que je donne aux enfants d'Israël. Tout lieu que piétinera la plante de votre pied je vous l'ai donné comme je l'ai dit à Moïse. (Josué 1:2-3, version King James traduite en français)

J'aimerais vous faire remarquer deux temps différents du mot donner que le Seigneur utilise dans ce passage. Au verset 2, il dit: *que je donne* au présent. Il leur donnait le pays au moment où il parlait. Mais au verset 3, cela devient du passé. Ce qui signifie que cela a déjà eu lieu ou que c'est accompli. *Tout lieu que piétinera la plante de votre pied, je vous l'ai donné.*

A partir de ce moment, tout le pays appartenait de droit aux Israélites mais ils devaient encore se l'approprier. Et ils l'ont fait en mettant la plante de leur pied sur chaque parcelle du pays. En foulant le sol avec la plante de leurs pieds il est véritablement devenu leur.

Nous devons reconnaître qu'il y a une grande différence entre posséder légalement et posséder réellement. Vous avez déjà probablement entendu des affirmations comme celles-ci de la part d'autres chrétiens: frère, je n'ai pas besoin d'expérimenter autre chose que le salut. Je n'ai pas besoin de deuxième bénédiction. Je n'ai pas besoin du baptême dans le Saint-Esprit. J'ai tout reçu quand j'ai été sauvé. Ce à quoi je réponds: "Légalement oui, mais pas dans la réalité."

Pardonnez-moi de faire ces parallèles, mais j'aimerais dire que si Josué et les enfants d'Israël avaient été fondamentalistes ils se seraient mis en rang sur la rive est du Jourdain, les bras croisés et auraient dit: "Nous avons tout !" De la même manière, s'ils avaient été pentecôtistes, ils auraient traversé le Jourdain, se seraient mis en rang sur la rive ouest et auraient dit: "Tout est à nous !" Peu importe sur quelle rive ils se seraient mis en rang, les Cananéens se seraient moqués d'eux en sachant qui possédaient le pays dans les faits. Encore une fois nous devons reconnaître la différence entre l'héritage de droit et la possession réelle.

Israël avait reçu toute la terre promise légalement selon Josué 1: 3. Légalement elle était à eux pour toujours. Mais pas en réalité, tout du moins pas encore.

Posez votre pied

Cette différence entre le légal et le réel est significative aussi pour nous dans la vie chrétienne. Comme je l'ai dit plus haut, notre héritage c'est le pays des promesses. Toutes les promesses sont pour nous en Christ aujourd'hui. (Voir 2 corinthiens 1:20) Mais vous devez les fouler de la plante de vos pieds pour les posséder réellement.

Chaque étape des enfants d'Israël vers leur héritage sous l'Ancienne Alliance était contestée par leurs ennemis. De même, chaque pas que vous ferez dans votre héritage en Christ sous la Nouvelle Alliance sera contesté par vos ennemis. Les ennemis sous l'Ancienne Alliance étaient les Phérésiens, les Hittites, les Héviens, les Jébusiens, les Cananéens, les Amorrites et beaucoup d'autres peuples. Ces peuples qui vont contester vos progrès sous la Nouvelle Alliance sont toutes des forces de Satan y compris des esprits et des démons.

Vous devez rester de marbre (voir Esaïe 50:7) et entrer dans le pays des promesses en disant: "Le Seigneur m'a donné ce pays et j'y mets mes pieds. Satan, tu dégages !" Réalisez que Satan ne bouge que quand il est confronté à la foi et à la détermination. Si vous essayez de l'affronter sans ces attributs, il continuera à retenir votre héritage. Même si vous le possédez légalement vous n'en jouirez pas réellement. Ce sont des principes de base importants.

Sept provisions pour devenir participants à la sainteté de Dieu

Nous allons maintenant commencer à appliquer ces principes aux vérités de la sainteté. Regardons de nouveau ce que nous avons déjà appris du livre des Hébreux qui dit que Dieu châtie ou nous discipline *pour notre bien afin que nous participions à sa sainteté.* (Hébreux 12:10) Souvenez-vous que Pierre utilise l'expression: *participants de la nature divine* (2 Pierre 1:4). L'auteur des Hébreux parle d'être des participants à un aspect particulier de la nature divine - la sainteté de Dieu. Mais c'est la même chose pour tous les aspects de la nature divine. Les principes de provision que je décris en relation à la sainteté s'appliquent en fait à beaucoup d'autres domaines de la vie chrétienne à peu de choses près. Par exemple, les mêmes principes s'appliquent à la guérison.

Comment pouvons-nous participer à la nature divine ? Quelle est la provision de Dieu pour la sainteté ? Nous allons diviser cette provision en sept parties afin d'en comprendre le plus clairement possible chaque aspect. En étudiant le Nouveau Testament, j'ai trouvé qu'il existait sept provisions de Dieu dont nous avions besoin pour participer à notre héritage de sainteté:

1. Jésus-Christ

2. La croix (le lieu du sacrifice de Jésus)

3. Le Saint-Esprit

4. Le sang de Jésus

5. La parole de Dieu

6. Notre foi

7. Nos oeuvres (les actions à travers lesquelles nous exprimons notre foi)

Nous allons voir ces sept provisions de Dieu en relation avec la sainteté plus en détails dans le chapitre qui suit.

Chapitre 12

Sept aspects de la provision de Dieu concernant la sainteté

Nous allons maintenant examiner les sept aspects de la provision de Dieu nécessaires pour participer à notre héritage de sainteté en Dieu, en suivant la liste que nous avons fait à la fin du chapitre précédent.

1   Jésus-Christ

Le premier aspect est Jésus-Christ. Nous avons déjà vu que c'est à travers la connaissance de Jésus-Christ que nous entrons dans la provision complète: *Comme sa* (celle de Dieu) *divine puissance nous a donné tout ce qui contribue à la vie et à la piété, au moyen de la connaissance* (reconnaissance) *de celui* (Jésus-Christ) *qui nous a appelés par sa propre gloire et par sa vertu. (2 Pierre 1:3)* En ce qui concerne la sainteté ou la sanctification, cette vérité a aussi été exprimée clairement par Paul:

A l'Eglise de Dieu qui est à Corinthe, à ceux qui ont été sanctifiés en Jésus-Christ, appelés à être saints. (1 Corinthiens 1:2)

Il est clair dans ce passage que notre sanctification est en Jésus-Christ. En dehors de Jésus-Christ, il n'y a pas de provision pour la sanctification. Tout commence avec lui. A la fin de ce chapitre, Paul le dit encore plus clairement:

Or c'est par lui (Dieu le Père) *que vous êtes en Jésus-Christ lequel, de par Dieu, a été fait pour nous sagesse et justice et sanctification et rédemption.* (verset 30)

Pour chaque croyant, Dieu le Père a fait Jésus sagesse, justice, sanctification et rédemption. Les quatre étant essentiels. Tout est en Christ. Chaque bénédiction que Dieu a pour nous vient à nous à travers Jésus-Christ.

Regardons deux passages supplémentaires qui soulignent cette vérité:

Car la loi a été donnée par Moïse, la grâce et la vérité sont venues par Jésus-Christ. (Jean 1:17)

Lui qui n'a point épargné son propre fils, mais qui l'a livré pour nous tous, comment ne nous donnera-t-il pas aussi toutes choses avec lui ? (Romains 8:32)

Avec Christ c'est *toutes choses.* Sans Christ, il n'y a rien. Tout notre héritage est en Jésus-Christ, et lui seul.

2   La croix

La deuxième provision pour la sainteté est la croix. L'auteur des Hébreux a résumé cette idée dans un verset puissant:

Car par une seule offrande (sacrifice) *il a amené à la perfection pour toujours ceux qui sont sanctifiés.* (Hébreux 10:14)

L'offrande ou le sacrifice, c'est la mort de Jésus-Christ sur la croix. Dans le passage ci-dessus, les temps employés dans le grec original sont extrêmement importants parce qu'il existe une distinction claire entre eux. La première partie du verset dit: *par une seule offrande il a amené à la perfection... C'*est une affirmation au passé, ce qui indique que l'action est terminée, achevée on ne peut plus y toucher, y ajouter ou la changer. Mais la deuxième partie du verset dit ceci: *... pour toujours ceux qui sont sanctifiés.* La sanctification est un processus progressif et continuel.

Beaucoup de gens ont mal compris la relation entre le sacrifice parfait et l'appropriation continuelle du sacrifice. En résultat, certaines idées fausses sur la sainteté instantanée ont vu le jour. Pour ma part, je ne crois pas en la sainteté instantanée pas plus que je ne crois pas au café instantané ! Si vous voulez du vrai café, vous devez utiliser un percolateur. Et si vous voulez une véritable expérience avec Dieu, il y a un processus de 'percolation'. Si vous supprimez le percolateur, les résultats seront décevants.

Si vous arrivez à vous représenter une image mentale de la croix, vous pourrez visualiser sa grande signification. Visualisez dans votre esprit la croix comme une sorte d'intervention verticale de Dieu dans l'histoire humaine et dans la vie de chaque être humain. Le poteau principal de la croix est vertical ; il vient de Dieu et coupe en deux parties égales la vie humaine. C'est un sacrifice parfait. Cela ne changera jamais. D'un autre côté, le poteau horizontal représente la vie humaine, qui est en continuel développement. Une fois que la croix est entrée dans notre vie nous nous approprions progressivement ce qui est prévu pour nous.

Ainsi ce que Jésus a fait sur la croix est parfait et éternel mais notre appropriation n'est pas instantanée ni complète. Nous sommes progressivement sanctifiés.

Les gens qui croient que la sanctification doit être instantanée mais qui ne la reçoivent pas instantanément ont tendance à se condamner eux-mêmes. Ou alors ils pensent que quelque chose ne va pas et que Dieu ne fait pas ce qu'il a promis. Ils ont besoin de comprendre que la part de Dieu est achevée mais que notre appropriation est progressive. C'est très important de voir cet aspect de la sainteté car cela nous débarrasse de beaucoup de malentendus et évite les sentiments de condamnation dans notre vie chrétienne.

3   Le Saint-Esprit

Le troisième facteur de la provision de Dieu est le Saint-Esprit. Commençons par la part que joue le Saint-Esprit dans la sanctification. Le premier passage que nous allons voir à cet égard est 1 Corinthiens 6:11 qui commence avec: *Et c'est là ce que vous étiez...*

Si vous voulez savoir ce à quoi Paul se réfère par 'ce', vous devez lire les deux versets précédents. Ce n'est pas une lecture très agréable. Il fait référence aux fornicateurs, aux idolâtres, aux adultères, aux homosexuels, aux sodomites, aux voleurs, aux envieux, aux ivrognes, aux blasphémateurs, aux ravisseurs. Les chrétiens de Corinthe ne venaient pas tous des milieux les plus raffinés. *Et c'est là ce que vous étiez...* dit Paul. *Mais...* (verset 11) Comme je remercie Dieu pour ce *'mais'* ! Pas vous ? Il représente une coupure avec le passé et le commencement de quelque chose de nouveau.

Mais vous avez été lavés, mais vous avez été sanctifiés mais vous avez été justifiés au nom du Seigneur Jésus-Christ et par l'Esprit de notre Dieu. (1 Corinthiens 6:11)

Celui qui administre la grâce de Christ, c'est le Saint-Esprit. Ainsi, la base de la provision, c'est la croix. Celui qui administre les bienfaits de la croix dans nos vies, c'est l'Esprit. Et l'un des bienfaits qu'il administre, c'est la sanctification.

Regardons maintenant un autre verset en rapport avec ce sujet:

Pour nous frères bien-aimés du Seigneur, nous devons à votre sujet rendre continuellement grâces à Dieu parce que Dieu vous a choisis dès le commencement pour le salut, par la sanctification de l'Esprit et par la foi en la vérité. (2 Thessaloniciens 2:13)

Si nous nous concentrons sur la deuxième partie de ce verset, nous obtenons cette affirmation puissante: *Dieu vous a choisis dès le commencement pour le salut, par la sanctification de l'Esprit et par la foi en la vérité.* En conséquence, je crois que c'est le processus par lequel nous entrons dans le salut: (1) Dieu nous choisit dans l'éternité *dès le commencement.* (2) En son temps, le Saint-Esprit commence à nous sanctifier, -à nous mettre à part, à nous attirer à l'endroit où nous recevons une révélation de Dieu. (Nous verrons ce concept plus en détail dans les chapitres suivants). (3) L'œuvre de sanctification du Saint-Esprit nous amène à croire à la vérité de la parole de Dieu. (4) En croyant à la vérité nous entrons dans le salut ou nous sommes amenés au salut.

Il est important de comprendre que peu importe ce qu'en pensent les gens, c'est ce que la Bible dit. L'œuvre de sanctification du Saint-Esprit commence avant que nous entrions dans le salut. En fait, si le Saint-Esprit ne commençait pas l'œuvre, nous ne pourrions pas entrer dans le salut.

Nous retrouvons fondamentalement le même schéma que celui que j'ai donné dans 1 Pierre. En parlant des croyants en Christ, l'apôtre Pierre dit:

Aux élus (choisis) *selon la prescience de Dieu le Père, par la sanctification de l'Esprit, afin qu'ils deviennent obéissants et qu'ils participent à l'aspersion du sang de Jésus-Christ...* (1 Pierre 1:1-2)

Remarquez que Pierre ne parle pas uniquement du choix de Dieu, mais aussi de sa prescience qui de façon logique précède le choix de Dieu. Ainsi, dans l'éternité nous avons ce scénario: Dieu nous connaît d'avance et sur la base de cette connaissance, il nous choisit. En son temps le Saint-Esprit commence son oeuvre de sanctification dans nos vies et nous amène au point d'obéissance à la parole de Dieu et à l'Evangile. Quand nous obéissons à la Parole, alors le sang de Jésus-Christ est répandu sur nous et produit le salut, la purification et la séparation.

Regardons de plus près un fait essentiel: le sang est répandu uniquement sur celui qui obéit. Celui qui désobéit n'a pas accès au sang de Jésus. Ce principe s'applique tout au long de la vie chrétienne. Nous le voyons dans 1 Jean 1:7: *Si nous marchons (continuellement) dans la lumière, comme il est lui-même dans la lumière, nous sommes mutuellement en communion et le sang de Jésus-Christ son Fils nous purifie* (continuellement) *de tout péché.* Il y a un aspect conditionnel à ce verset. Rester pur par le sang dépend de notre marche dans la lumière. Marcher dans la lumière signifie marcher dans l'obéissance à la lumière de la parole de Dieu qui est une lampe à nos pieds et une lumière sur notre sentier. (Voir Psaume 119:105.)

Souvenez-vous de cette vérité: l'accès au sang de Jésus dépend de notre obéissance. Si nous désobéissons, nous perdons le droit d'accès au sang tant que nous ne nous repentons pas.

4   Le sang de Jésus

Le quatrième aspect de la provision de Dieu pour la sainteté, c'est le sang de Jésus. Regardons encore une fois 1 Pierre 1:2. Le Saint-Esprit par son oeuvre de sanctification nous amène à l'obéissance et à travers notre obéissance le Saint-Esprit rend efficace pour nous le sang de Jésus. Le sang de Jésus coupe les ponts avec notre vie de péché passée. Comme nous allons le voir dans le chapitre suivant, nous arrivons à la 'ligne de sang' à la croix. En traversant cette ligne de sang, nous passons du royaume de Satan au royaume de Dieu en Christ. C'est le point de transition.

Nous allons maintenant regarder deux autres passages de l'Ecriture qui parlent de la puissance sanctificatrice du sang de Jésus. Le premier se trouve dans Hébreux 10:29:

De quel pire châtiment (que celui qui était réservé à celui qui transgressait la loi de Moïse) *pensez-vous que sera jugé digne celui qui aura foulé aux pieds le Fils de Dieu, qui aura tenu pour profane le sang de l'alliance par lequel il a été sanctifié et qui aura outragé l'Esprit de la grâce ?*

Ce passage nous dit tout d'abord qu'un chrétien est sanctifié à travers le sang de l'alliance. Pour moi, ce verset dit aussi clairement qu'il est possible de perdre sa sanctification. En rejetant délibérément Jésus-Christ et son sang versé, on trahit la sanctification qui est disponible à travers le sang.

Souvenez-vous que sous l'Ancienne Alliance, lors de la célébration de la Pâque, le sang de l'agneau était répandu sur les linteaux et sur les deux poteaux latéraux mais pas sur le seuil. A cause du caractère sacré de ce sang, personne ne pouvait marcher dessus. Le verset ci-dessus décrit une situation hypothétique dans lequel quelqu'un piétine délibérément Jésus-Christ et son sang. La personne qui fait cela *outrage l'Esprit de grâce* ce qui signifie qu'elle a délibérément méprisé et rejeté le Saint-Esprit. C'est terrible à dire mais une telle personne est passée au-delà de toute possibilité d'appel à la repentance.

Ce que je viens de traiter n'est évidemment pas le thème principal de cette partie. Mais l'affirmation ci-dessus nous rappelle la nécessité d'être extrêmement prudents dans nos attitudes envers le sang de Jésus et envers le Saint-Esprit. Si quelqu'un tient pour profane le sang de Jésus, cette personne a insulté le Saint-Esprit. Inversement, si quelqu'un insulte le Saint-Esprit, cette personne perd le droit d'accès au sang. Le sang et l'Esprit sont très proches.

Hébreux 13:12 est un autre passage qui nous parle de l'œuvre de sanctification du sang de Jésus.

C'est pour cela que Jésus aussi afin de sanctifier le peuple par son propre sang a souffert hors de la porte. (sur la croix)

La mort de Jésus sur la croix avait pour but de répandre son sang à travers lequel le peuple de Dieu pourrait être sanctifié -mis à part pour Dieu et pour son héritage en Christ.

5   La parole de Dieu

Le facteur suivant dans le processus est la parole de Dieu. La Parole suit le sang. Nous trouvons un merveilleux passage sur la puissance de sanctification de la parole de Dieu dans Jean 17. Ce chapitre contient la prière du souverain sacrificateur Christ, pour ses disciples et tous ceux qui le suivent. Lisons une partie de cette prière avant d'en venir au verset que je veux partager avec vous:

Je ne te prie pas de les ôter du monde mais de les préserver du mal (du diable). *Ils ne sont pas du monde, comme moi je ne suis pas du monde.* (Jean 17:15-16)

Le véritable chrétien est dans le monde mais pas du monde. (voir aussi les versets 11 et 14). La séparation pure et simple du monde dans un couvent ou un monastère par exemple, ne résout pas le problème. C'est un problème spirituel et il ne peut se régler par une simple séparation physique. Jésus a donné la solution dans le verset suivant qui contient ces magnifiques paroles:

Sanctifie-les par ta parole, ta parole est la vérité. (verset 17)

Comme quelqu'un a dit: il y a des choses qui sont vraies mais elles ne sont pas *la vérité.*" Vous pouvez avoir une rage de dents et avoir mal. C'est une vérité. Mais ce n'est pas *la* vérité, la vérité c'est: *Par ses meurtrissures nous sommes guéris.* (Esaïe 53:5)

Il y a des choses qui sont vraies maintenant mais qui vont évoluer. Mais ce qui est dans la parole de Dieu est la vérité, et elle ne changera jamais. (Voir par exemple le Psaume 119:89, 160.) C'est la vérité de Dieu qui sanctifie le chrétien. Ce fait est aussi affirmé dans 2 Thessaloniciens 2:13, le passage que j'ai mentionné plus haut et auquel nous allons nous référer souvent.

... parce que Dieu vous a choisis dès le commencement pour le salut, par la sanctification de l'Esprit et par la foi en la vérité.

Le Saint-Esprit vous amène à croire la vérité de la parole de Dieu et c'est une étape de plus dans votre sanctification.

Je crois que le plus grand passage sur le rôle de la sanctification se trouve dans Ephésiens 5:25-27. Ce passage fait un parallèle entre la relation entre le mari et la femme et la relation entre Christ et son épouse, l'Eglise:

Maris, aimez vos femmes comme Christ a aimé l'Eglise et s'est livré lui même pour elle afin de la sanctifier après l'avoir purifiée par l'eau et la parole, afin de faire paraître devant lui cette Eglise glorieuse, sans tache, ni ride, ni rien de semblable, mais sainte et irrépréhensible.

Nous avons ici l'interaction entre le sang et la parole. Nous voyons que Christ a aimé l'Eglise et s'est donné pour elle en sacrifice de substitution sur la croix, répandant son sang (c'était le prix de la rédemption) pour racheter l'Eglise. Mais il a racheté l'Eglise pour un but: afin ensuite de *la sanctifier après l'avoir purifiée par l'eau et la parole.*

Il est essentiel pour nous de comprendre que la rédemption par le sang est la porte de Dieu pour entrer dans la sanctification par l'eau de la parole. Le processus de sanctification n'est pas achevé avec la rédemption par le sang ; il doit être complété par la sanctification et la purification continuelles de la parole dans la vie de chaque chrétien.

Ephésiens 5:27 nous livre la conclusion de ces deux opérations:

Afin de faire paraître devant lui (Christ) *cette église glorieuse, sans tache, ni ride, ni rien de semblable, mais sainte et irrépréhensible.*

Je suis fermement convaincu qu'aucun chrétien ne peut se qualifier pour devenir membre de l'épouse de Christ, pour faire partie de l'Eglise glorieuse qui sera présentée à Christ, s'il ne se soumet pas régulièrement à la discipline, à la purification et à la sanctification de la parole de Dieu. L'expérience qui consiste à entrer dans la rédemption à travers la croix ne constitue pas à elle seule une préparation adéquate pour ce jour grand et glorieux où nous serons présentés à Jésus-Christ comme une épouse pure et sans tache.

L'eau de la Parole joue un rôle essentiel pour nous préparer à cette grande présentation. Je trouve que beaucoup de chrétiens qui pensent être rachetés par le sang sont très négligents dans leur attitude envers le processus de sanctification de la Parole dans leur vie. Je suis très inquiet de l'état actuel des chrétiens qui font peu de cas des Ecritures.

Il est probable que la majorité des chrétiens lisent à peine la Bible. Bien peu ont déjà lu la Bible en entier. En conséquence, ils sont complètement ignorants de certains principes bibliques. C'est très excitant d'avoir les dons du Saint-Esprit et les manifestations de la puissance de Dieu mais ce ne sont pas des substituts à la connaissance de la parole de Dieu et à la compréhension de ses promesses.

Je dois dire que les promesses de la Bible sont époustouflantes. Celle-ci par exemple, *afin que nous devenions participants de la nature divine, en fuyant la corruption qui existe dans le monde par la convoitise.* (2 Pierre 1:4) Laissez-moi vous poser une question: Dans quelle mesure participez-vous à la nature divine ? Dans quelle mesure avez-vous fui la corruption qui existe dans le monde par la convoitise ? C'est à vous de répondre à ces questions. Je ne peux pas y répondre à votre place. Mais être saint comme Dieu est saint devrait être l'objectif principal de notre vie, et cela suppose le processus de purification et de sanctification de la parole de Dieu dans nos vies.

Regardons encore un passage dans Ephésiens:

Maris, aimez vos femmes, comme Christ a aimé l'Eglise et s'est livré lui-même pour elle, afin de la sanctifier après l'avoir purifiée par l'eau et la parole. (Ephésiens 5:25-26)

Jésus rend l'Eglise comme il veut à travers la purification de l'eau par la Parole. Sans cette oeuvre, l'Eglise n'aurait jamais pu devenir ce que Dieu avait prévu. Il n'y a pas de substitut à la parole de Dieu et à son rôle purificateur.

Pour conclure cette partie, regardons 1 Jean 5. En parlant de Jésus, Jean dit:

C'est lui, Jésus-Christ, qui est venu avec de l'eau et du sang ; non avec l'eau seulement mais avec l'eau et avec le sang ; et c'est l'Esprit qui rend témoignage parce que l'Esprit est la vérité. Car il y en a trois qui rendent témoignage dans le ciel, le Père, la Parole et le Saint-Esprit et ces trois-là sont d'accord. (versets 6, 8)

Jésus n'est pas seulement venu pour enseigner la Parole (*par l'eau*) mais aussi comme sacrifice de substitution (*par le sang*). La provision de Dieu inclut à la fois le sang versé sur la croix et l'eau sanctificatrice de la Parole. Quand le chrétien vient d'abord par le sang puis par la Parole, l'Esprit de Dieu dans son cœur porte témoignage à la fois au sang et à la Parole.

En fait, le verset 8 dit qu'il y a trois témoins sur la terre qui rendent témoignage de Jésus-Christ et qui sont tous d'accord en lui. Ces trois témoins de Jésus devraient être présents dans la vie de chaque chrétien: le témoignage du sang, le témoignage de l'eau de la Parole et celui du Saint-Esprit qui rend témoignage au sang et à la Parole.

6   Notre foi

Dans les deux dernières parties de ce chapitre, nous allons examiner le rôle que nous devons jouer dans l'appropriation des moyens de sanctification que Dieu a mis à notre disposition. Nous avons déjà parlé de Jésus-Christ, de la croix, du Saint-Esprit, du sang de Jésus, et de la parole de Dieu. Maintenant, nous allons parler de notre foi et de nos oeuvres.

Le chrétien doit s'approprier tout ce que Dieu a prévu à travers Christ à travers sa foi personnelle. Notre foi est le canal par lequel la grâce de Dieu et la bénédiction peuvent couler dans notre vie. Si nous n'avons pas le canal de la foi et s'il n'est pas tourné dans la bonne direction, nous ne pouvons pas recevoir la provision que Dieu a prévue.

Regardons deux passages qui soulignent ce point. Nous allons d'abord revenir à la dernière partie de 2 Thessaloniciens 2:13:

... parce que Dieu vous a choisis dès le commencement pour le salut (c'est le but du choix de Dieu, le salut) *par* (deux processus) *la sanctification de l'Esprit et par la foi en la vérité.*

Le terme grec traduit ici par *foi* se retrouve tout au long du Nouveau Testament. Vient un temps dans nos vies où notre foi doit s'approprier la vérité de la parole de Dieu afin que nous entrions dans la provision de sainteté que Dieu a prévue.

Nous trouvons un autre merveilleux verset en rapport avec ce thème (Actes 26:18) que je ne peux jamais lire sans m'enthousiasmer. Dieu semble toujours me parler personnellement à travers ce verset dans lequel l'apôtre Paul parlait de son appel en tant qu'apôtre de Jésus parmi les gentils. Et voici comment Jésus décrivait le dessein de Paul en amenant l'Evangile aux gentils:

... afin que tu leur ouvres les yeux, pour qu'ils passent des ténèbres à la lumière et de la puissance de Satan à Dieu pour qu'ils reçoivent par la foi en moi, le pardon des péchés et l'héritage avec les sanctifiés. (Actes 26:18)

Ne laissez jamais personne vous dire que Satan n'a pas de pouvoir parce que ce serait stupide. La Bible nous dit que Satan a du pouvoir. Mais à travers l'Evangile, nos yeux peuvent s'ouvrir et nous pouvons nous tourner des ténèbres vers la lumière, de la puissance de Satan à la puissance de Dieu. Quand nous nous détournons ainsi, nous recevons tout d'abord le pardon de nos péchés. C'est la base. La première condition c'est que nos péchés soient pardonnés, ce qui nous place dans une position de relation avec le Dieu Tout Puissant sans la barrière du péché. Ensuite, nous recevons un héritage parmi ceux qui sont sanctifiés dans la foi en Christ. L'héritage est réservé à ceux qui sont sanctifiés à travers leur foi en Christ.

Il existe un autre passage excellent à cet égard: Colossiens 1:12:

Rendez grâces au Père, qui nous a rendus capables d'avoir part à l'héritage des saints dans la lumière.

Remarquez que cet héritage est pour les saints, ceux qui ont été rendus saints par leur foi en Jésus-Christ. Comme Jésus le dit à Paul, il l'a fait pour donner son héritage à ceux qui sont sanctifiés, mis à part pour Dieu par la foi en lui.

7 Nos oeuvres

Enfin, notre foi doit s'exprimer par des actions positives. Jacques 2:26 dit que *la foi sans les oeuvres est morte.* La foi qui ne s'exprime pas en action est une foi morte. Cette même vérité est spécifiquement énoncée en rapport avec la sanctification dans 2 Corinthiens 7:1, que nous avons vu dans un chapitre précédent:

Ayant donc de telles promesses bien-aimés, purifions-nous de toute souillure de la chair et de l'esprit en achevant notre sanctification dans la crainte de Dieu.

J'ai dit plus haut que tout est dans les promesses. Dans ce passage, Paul dit qu'à la lumière de ce qui nous a été accordé à travers les promesses, nous devons agir ; nous devons appliquer les promesses. Nous devons mettre nos pieds dans le pays des promesses. Nous devons nous l'approprier.

Paul dit: *Purifions-nous.* Dieu ne va pas le faire pour nous. Il l'a rendu possible. Souvenez-vous: si nous voulons être saints, nous devons nous purifier de deux sortes de souillures: de celles de la chair ou des péchés charnels comme l'ivrognerie, l'immoralité, les blasphèmes etc. Et ensuite de la souillure de l'esprit qui est l'expression bien pire d'un engagement dans le royaume de l'occulte. Cette souillure atteint ceux qui s'introduisent dans des territoires défendus dans lesquels on trouve les planches ouija, la divination, les horoscopes, l'astrologie, les séances de spiritisme, les fausses prophéties, les philosophies et les cultes orientaux. Toutes ces pratiques contribuent à la souillure de l'esprit.

Regardons un autre passage qui s'applique à toutes les provisions de Dieu pour nous dans chaque domaine de notre vie chrétienne concernant notre besoin de répondre à ce qu'il a initié dans nos vies:

Ainsi, mes bien-aimés, comme vous avez toujours obéi, travaillez à votre salut avec crainte et tremblement, non seulement comme en ma présence, mais bien plus encore maintenant que je suis absent ; car c'est Dieu qui produit en vous le vouloir et le faire selon son bon plaisir. (Philippiens 2:12-13)

Dieu travaille en vous ; ensuite vous devez le mettre en oeuvre. Si vous ne mettez pas en oeuvre ce que Dieu fait en vous, alors Dieu ne travaillera plus avec vous.

Je réalise qu'il y a beaucoup de principes et de vérités à absorber dans ce chapitre. Pourquoi ne pas demander au Seigneur de nous aider à les appliquer dans notre vie ? Vous pouvez le faire en faisant cette prière:

Père, je te loue et je te remercie d'avoir été avec moi quand je lisais ce chapitre. Je te remercie pour la plénitude de ta provision comme je le vois dans ta Parole. Je prie Seigneur, que je ne sois pas paresseux ni négligent pour m'approprier ta provision. Aide-moi s'il te plaît à être fidèle et zélé pour m'approprier la sainteté que tu m'as donnée pour me purifier de toute souillure de la chair et de l'esprit. Je te prie dans le nom de Jésus. Amen.

Chapitre 13

Comment la sainteté oeuvre en nous

Dans ce chapitre nous allons commencer à voir comment les sept aspects de la provision de Dieu pour la sainteté révélées dans les Ecritures, agissent dans nos vies: comment elles pénètrent en nous et comment nous devons y répondre. Autrement dit, comment allons-nous appliquer de façon pratique les vérités que nous avons découvertes jusqu'à présent ?

L'œuvre de Dieu le Père dans l'éternité

Retournons à un passage que nous avons déjà vu. Il se trouve dans la première épître de Pierre. Il écrit en s'adressant à des chrétiens:

A ceux qui sont élus (choisis) selon la prescience de Dieu le Père par la sanctification de l'Esprit afin qu'il deviennent obéissants et qu'ils participent à l'aspersion du sang de Jésus-Christ. (1 Pierre 1:1-2)

Comme je vous l'ai déjà fait remarquer, la première dynamique que nous rencontrons est celle de la prescience de Dieu, dans l'éternité. Sur la base de cette prescience, Dieu nous a choisis dans l'éternité. Tout cela est arrivé avant même que le monde ait commencé à tourner. Je n'ai aucun problème à croire que Dieu sait tout par avance. Et s'il sait tout d'avance, il est raisonnable qu'il choisisse aussi par avance sur la base de ce qu'il sait. C'est ce que la Bible enseigne en réalité.

Regardons dans Ephésiens pour trouver un autre passage sur ce thème:

Béni soit Dieu, le Père de notre Seigneur Jésus-Christ qui nous a bénis de toutes sortes de bénédictions spirituelles dans les lieux célestes en Christ ! En lui Dieu nous a élus avant la fondation du monde (encore une fois tout se passe avant que le temps n'existe) *pour que nous soyons saints et irrépréhensibles devant lui* (Ephésiens 1:3-4)

Remarquez que son choix est que nous soyons saints. Autrement dit, son choix initie notre sainteté. Le verset suivant dit ceci à propos de Dieu:

... nous ayant prédestinés dans son amour à être ses enfants d'adoption

par Jésus-Christ selon le bon plaisir de sa volonté. (verset 5*)*

Dans les versets ci-dessus, nous trouvons deux événements qui ont lieu dans l'éternité: Dieu a choisi et il a prédestiné. En plus de ces faits, nous avons la vérité que nous avons découverte dans 1 Pierre 1:2 qui nous dit qu'il nous connaissait d'avance. Ainsi, maintenant, nous avons trois faits successifs: Dieu nous connaissait d'avance, il nous a choisis, et il nous a prédestinés. Le mot *prédestiné* indique que Dieu a arrangé les circonstances de nos vies afin de permettre à ses desseins de s'accomplir.

Ces réalisations sont renforcées par l'enseignement de Romains 8. Nous allons nous concentrer d'abord sur le verset 29:

Car ceux qu'il (Dieu) *a connus d'avance il les a aussi prédestinés à être semblables à l'image de son fils, (*le Fils, Jésus) *afin que son fils fut le premier né d'un grand nombre de frères* (nous sommes les frères).

Nous voyons encore une fois que Dieu nous connaissait d'avance et qu'il nous a prédestinés. Si nous mettons ces trois passages ensemble, nous avons une image claire de l'œuvre de Dieu dans l'éternité. Dieu le Père fait trois choses: (1) il connaît d'avance, (2) il choisit et (3) il prédestine.

Le mot *prédestiné* offense certaines personnes. Elles n'aiment pas ce terme parce qu'il est associé à une vision très étroite de l'élection divine, vision qui n'est pas biblique. Il est important d'établir le fait que le choix de Dieu, son élection, n'est pas arbitraire. Il n'est pas déraisonnable. Il n'est pas injuste. Dieu nous choisit sur la base de ce qu'il connaît d'avance de nous. Il sait comment nous allons répondre aux situations dans lesquelles il veut nous placer et il sait comment nous allons répondre à l'appel de l'Evangile quand nous allons l'entendre.

Toutes ces actions ont lieu dans l'éternité. C'est la prérogative de Dieu le Père de prendre ces mesures. (Remarquez que je ne dis pas que le Fils et l'Esprit ne sont pas engagés dans ce processus, car bien entendu, ils le sont.)

L'action du Saint-Esprit dans le temps

Nous allons ensuite voir l'action de Dieu dans le temps (principalement par le Saint-Esprit.) Le Saint-Esprit sanctifie. Dans ce contexte, le mot *sanctifier* qui désigne une opération du Saint-Esprit signifie: 'attirer, séparer, et révéler'.

Revenons à 1 Pierre 1:1-2 qui est un passage clé pour tout cet enseignement sur la sainteté:

... qui sont élus selon la prescience de Dieu le Père, par la sanctification de l'Esprit afin qu'ils deviennent obéissants et qu'ils participent à l'aspersion du sang de Jésus-Christ.

Remarquez où se situe l'œuvre de sanctification du Saint-Esprit dans le contexte. Premièrement nous lisons: *... qui sont élus selon la prescience de Dieu le père* (Dieu connaît d'avance, Dieu choisit) *par la sanctification de l'Esprit saint.* C'est à travers l'œuvre de sanctification que le Saint-Esprit nous amène à l'obéissance de l'Evangile et, à travers l'obéissance, *à l'aspersion du sang de Jésus-Christ.* Nous sommes passés de l'action du Père dans l'éternité à l'action de sanctification de l'Esprit dans le temps - attirant, séparant et révélant.

Nous retournons maintenant à 2 Thessaloniciens 2:13:

Nous devons à votre sujet rendre continuellement grâces à Dieu parce que Dieu vous a choisis dès le commencement pour le salut, (la finalité du choix de Dieu, c'est le salut) *par la sanctification de l'Esprit.*

Paul a commencé son explication dans ce verset avec une affirmation sur le choix de Dieu. La prescience de Dieu fait partie du choix, même si ce n'est pas spécifié ici. Encore une fois, nous voyons que le vecteur du salut est le Saint-Esprit, par son oeuvre de sanctification. Il nous amène à un stade où nous acceptons la vérité de l'Evangile, où nous lui obéissons et où nous entrons dans le salut. Il est donc important de bien comprendre que l'action du Saint-Esprit commence avant que nous ne croyions en l'Evangile et que nous recevions consciemment le salut.

L'œuvre de Dieu dans les vies de Paul et de Jérémie

Il serait instructif de regarder deux affirmations remarquables sur deux grands hommes de la Bible: Paul et Jérémie. La première se trouve dans Galates 1:15 où Paul dit ceci le concernant:

Mais lorsqu'il plu à celui qui m'avait mis à part dès le sein de ma mère, et qui m'a appelé par sa grâce...

Paul dit qu'il a été *mis à part* dès le sein de sa mère. Dès la naissance de Paul, Dieu a commencé à le mettre à part pour des desseins particuliers. Pourtant, durant des années Paul a été le chef des persécuteurs de l'Eglise. A cette époque, Paul n'était pas conscient du salut car il n'avait pas reconnu Jésus-Christ. Il s'opposait même ouvertement à l'Evangile. Et pourtant, durant tout ce temps, Dieu le Saint-Esprit travaillait dans sa vie pour le séparer et l'amener à l'endroit où la destinée prévue par Dieu pourrait s'accomplir.

Le prophète Jérémie fait une déclaration similaire sur lui-même dans Jérémie 1:4-5:

La parole de l'Eternel me fut adressée en ces mots: Avant que je t'eusse formé dans le ventre de ta mère je te connaissais et avant que tu fusses sorti de son sein, je t'avais consacré, je t'avais établi prophète des nations.

Remarquez que la destinée de Jérémie a été établie quand il était encore dans le ventre de sa mère. Dieu a dit à Jérémie qu'avant qu'il soit formé dans le ventre de sa mère, il le connaissait. Et avant que Jérémie ne naisse, Dieu l'avait sanctifié -mis à part- pour le dessein qu'il avait pour sa vie: *être un prophète des nations.* En vue de ce but Dieu dit: *Je t'avais établi.*

Les desseins de Dieu pour Jérémie ont commencé à se mettre en place alors qu'il était encore dans le ventre de sa mère. Pourtant, à cette époque quand Dieu lui a parlé, Jérémie disait à peu près ceci: "Seigneur ne m'appelle pas. Je ne peux pas être prophète. Je suis trop jeune (voir le verset 6). Jérémie n'était pas conscient de la destinée divine qui avait commencé à agir dans sa vie avant même sa naissance. En fait, au départ il n'avait pas voulu accepter cette destinée divine.

Nous voyons à travers les vies de Paul et de Jérémie que l'œuvre de sanctification du Saint-Esprit commence avant que nous ayons une pleine conscience du salut, que nous ayons accepté volontairement le dessein et le programme de Dieu pour notre vie.

L'intervention de Dieu dans notre expérience consciente

Une fois que nous avons reconnu l'œuvre de Dieu, d'abord dans l'éternité ensuite dans le temps présent, nous en arrivons à un moment où Dieu intervient dans notre expérience consciente afin que notre destinée nous amène à entendre la prédication de la croix. Voyons cette intervention en regardant rapidement 2 Thessaloniciens 2. Paul écrit:

Dieu vous a choisis dès le commencement pour le salut, par la sanctification de l'Esprit et par la foi en la vérité. C'est à quoi il vous a appelés par notre Evangile. (versets 13-14)

Le moment où Dieu nous appelle, c'est lorsque la destinée de Dieu nous est révélée à travers la prédication de sa Parole quand nous sommes amenés au point où nous devons répondre et nous engager personnellement à la demande de Dieu sur nos vies.

Nous voyons cette vérité dans le livre des Romains:

Car ceux qu'il a connus d'avance, il les a aussi prédestinés à être semblables à l'image de son Fils, afin que son Fils fut le premier-né entre plusieurs frères. (Cela inclut tous les croyants) et ceux qu'il a prédestinés il les a aussi appelés. (Romains 8:29-30)

Ce passage décrit l'intervention divine dans le temps -dans notre expérience personnelle et consciente. Nous avons physiquement entendu l'Evangile proclamé et en entendant la prédication de la parole de Dieu nous avons entendu spirituellement l'appel du Dieu Tout Puissant. C'est le moment décisif de la vie humaine.

Chaque fois que je fais cette affirmation, je repense à une époque de ma vie où j'étais à Denver dans le Colorado. Des personnes m'avaient emmené voir les pentes orientales des Montagnes Rocheuses. En me désignant un point au loin vers l'ouest, elles m'avaient expliqué: "Juste derrière se trouve la ligne de partage des eaux du continent Nord Américain." A cet instant j'ai eu une image réelle de ce que l'expression *ligne de partage des eaux* signifiait.

J'ai imaginé deux gouttes de pluie ou deux flocons de neige descendant du ciel et atterrissant juste le long de cette ligne de partage des eaux. Je pouvais en visualiser un qui était sur la pente ouest et l'autre sur la pente est, tombant à quelques centimètres de distance. Pourtant leur destinée serait totalement différente. Celui qui était tombé sur la pente ouest finirait dans l'océan Pacifique tandis que celui qui était tombé du côté est finirait probablement dans le Golfe du Mexique ou dans l'océan Atlantique. Il y aurait une différence de plusieurs milliers de kilomètres dans leurs destinations finales. Pourtant la différence au départ n'était que de quelques centimètres.

C'est la ligne de séparation, le point de division. Et c'est ce qu'est la croix. C'est la ligne de séparation de toute vie humaine. C'est le point de division, le point où nos destinées sont scellées dans la vie. Il y a un moment critique de décision quand nous devons dire oui ou non à l'appel de Dieu et à la revendication de Jésus-Christ.

Paul a parlé de ce moment de division dans 1 Corinthiens:

Car la prédication de la croix est une folie pour ceux qui périssent ; mais pour nous qui sommes sauvés elle est une puissance de Dieu. (1 Corinthiens 1:18)

Comprenez bien que la croix ne change pas ; le message ne change pas. Mais c'est notre réponse qui détermine notre destinée. Si nous l'acceptons et que nous nous y soumettons, nous entrons dans le salut. Si nous le refusons et le rejetons, nous périssons.

Encore une fois la division se fait à la croix qui est la ligne de partage des eaux, le moment essentiel de décision et de destinée de la vie humaine.

Paul exprime ce moment crucial de la vie d'une façon différente dans Philippiens 3:12:

Ce n'est pas que j'aie déjà remporté le prix ou que j'aie déjà atteint la perfection ; mais je cours, pour tâcher de le saisir puisque moi aussi j'ai été saisi (appréhendé) *par Jésus-Christ.*

J'aime le mot *appréhender*. Il s'applique certainement à mon expérience personnelle. *Appréhender* me fait penser à la grande main du Dieu Tout Puissant descendant à un point et à un moment donné et touchant une vie humaine. C'est le moment du choix ; le moment de la destinée ; le moment de l'appel quand la main de Dieu s'étend du ciel, le moment où il appréhende une personne pour un but planifié de toute éternité mais révélé peu à peu à cette personne une fois qu'elle a répondu à son appel. Après un tel moment, la vie de cette personne ne sera plus jamais la même.

Résumons ce que nous avons vu jusqu'à présent dans ce chapitre et replaçons-le dans le contexte pour que les choses soient bien claires.

Premièrement, le Père connaît d'avance, choisit et prédestine. Toutes ces actions prennent place dans l'éternité. Puis le Saint-Esprit vient pour mettre en oeuvre le choix et la destinée du Père. Ces actions prennent place dans le temps. C'est à travers la sanctification de l'Esprit que les plans de Dieu entrent en vigueur dans nos vies. J'ai divisé l'œuvre de sanctification du Saint-Esprit en trois actions: attirer, séparer et révéler. C'est ainsi que je comprends la sanctification.

Dans Jean 6: 44, Jésus dit:

Nul ne peut venir à moi si le Père qui m'a envoyé ne l'attire.

Le choix initial vient de Dieu et non de l'homme. Personne ne vient à Jésus-Christ de son propre chef. Le choix initial vient de Dieu le Père. Jésus confirme cette vérité dans Jean 15: 16:

Ce n'est pas vous qui m'avez choisi ; mais moi, je vous ai choisis et je vous ai établis. (Jean 15:16)

Ne vous laissez pas tromper. L'initiative du salut vient de Dieu et non de l'homme. Tout ce que l'homme fait, c'est répondre au choix de Dieu quand il se révèle à lui. Ainsi, le Saint-Esprit attire. En attirant il sépare. En séparant, il nous amène au point de la révélation.

Le cours de votre vie aurait pu aller dans une toute autre direction si le Saint-Esprit n'était pas intervenu. Mais quand le Saint-Esprit est intervenu en vous, il a commencé à vous emmener dans une direction différente de celle où vous auriez dû normalement aller. En vous conduisant dans cette direction, il a commencé à vous écarter du cours que vous auriez du suivre. Puis il vous a amené à un point particulier - la prédication de la croix- où vous avez entendu l'Evangile proclamé ou l'avez lu dans la parole de Dieu.

Une nouvelle direction

L'entrée du Saint-Esprit dans notre vie peut être imperceptible, presque invisible et souvent mal comprise. Mais il nous amène dans une nouvelle direction. Je me souviens comme si c'était hier du moment où cela est arrivé dans ma vie. Tout les passe-temps qui m'attiraient et m'enthousiasmaient avaient perdu leur attrait. Je n'arrivais pas à le comprendre.

Je sortais pour aller danser, ce que j'aimais beaucoup faire, et aller dans des soirées où l'on buvait et je me retrouvais à m'endormir à minuit. Je me suis dit: "Je dois devenir vieux avant l'âge." Mais le Saint-Esprit avait déjà commencé à me séparer. Tous ces plaisirs, ces divertissements et ces activités commencèrent à me paraître étranges et lointains. Je me demandais comment je pouvais avoir trouvé du plaisir dans de telles choses.

A ce stade, je ne connaissais rien du salut. Je ne connaissais pas d'autre mode de vie. Je me disais que la vie perdait de sa véritable signification. J'avais perdu le goût du plaisir, je n'avais plus les mêmes envies qu'avant.

Puis arriva le moment de confrontation avec la prédication de la croix. En ce qui me concerne, personne ne m'a parlé ; je savais très clairement que je devais faire un choix. Je savais aussi que je n'avais pas le droit de m'attendre à ce que Dieu me donne une seconde chance. C'était possible mais je savais une chose avec une certitude absolue: si je ne répondais pas maintenant, je n'aurais peut-être jamais plus une autre occasion. Je remercie Dieu que par l'intervention divine du Saint-Esprit, j'ai répondu favorablement.

J'ai raconté dans un chapitre précédent comment j'ai entendu pour la première fois l'Evangile dans une assemblée pentecôtiste. Quand l'appel a été fait, je ne comprenais pas de quoi ils parlaient. J'étais assis là, en silence en me demandant ce qui allait se passer. Ils ont dit: "Si quelqu'un le désire (quoi je ne le savais pas) qu'il lève la main."

Je me souviens qu'il y avait deux voix inaudibles qui me parlaient. L'une disait: "Si tu lèves la main au milieu de toutes ces vieilles femmes, toi, le soldat en uniforme, tu auras l'air stupide." L'autre voix me soufflait en même temps à l'autre oreille: "Si c'est quelque chose de bon, pourquoi ne l'aurais-tu pas ?" J'étais paralysé, incapable de répondre à l'une ou à l'autre voix. Mais alors que j'étais assis là, dans le silence, il s'est produit un miracle. Le Saint-Esprit a levé mon bras à ma place. A mon grand étonnement, j'ai réalisé que mon bras s'était levé sans que je le bouge. D'ailleurs, le Saint-Esprit ne va pas plus loin. Il peut vous donner un petit coup de pouce mais la décision finale vous appartient.

Deux soirées plus tard, j'assistai à une autre réunion. Je ne comprenais toujours pas grand chose à l'Evangile mais cela m'attirait et je me suis dit: "Bon, quelqu'un d'autre l'a fait pour moi la dernière fois. Je ne m'attends pas à ce que cela arrive deux fois. Cette fois-ci, je lève la main. Je n'ai pas été sauvé, puisque je l'étais déjà mais j'ai pris la responsabilité personnelle de cette décision.

Le Saint-Esprit vous amènera aussi loin qu'il peut et aussi près qu'il peut. Mais en fin de compte, vous devrez prendre une décision personnelle pour recevoir le salut à travers Jésus-Christ.

Franchir la ligne de sang

Ainsi, lors de la proclamation de l'Evangile, vous prenez votre décision. Votre destinée dépend de votre réponse. La croix est ce que j'appelle la 'ligne de sang'. Quand vous venez à la croix, que vous vous y soumettez, que vous reconnaissez Jésus-Christ, et que vous vous inclinez devant lui, alors vous franchissez la ligne de sang. Vous passez du territoire de Satan dans le territoire de Dieu. Vous entrez dans *l'héritage des saints dans la lumière*. (Colossiens 1:12) Encore une fois le point de division est la croix ; la ligne de division est la ligne faite par l'aspersion du sang de Jésus.

Nous comprenons que l'œuvre de sanctification du Saint-Esprit agit depuis le début. Avant d'être sauvé, même avant que vous soyez conscient du plan de Dieu, il vous a tiré de la foule (la multitude de ceux qui ne vont ni répondre ni écouter.) Il vous sépare. Votre vie commence à prendre un cours différent, et il vous met à une place où il ouvre vos yeux pour voir Jésus et la croix. Alors vous devez répondre parce qu'après cela il n'y a plus de neutralité -vous vous alignez soit sur Dieu soit sur Satan.

Si vous vous soumettez à la croix, si vous obéissez à l'Evangile, alors vous franchissez la ligne de sang. Je vous pose maintenant une question: avez-vous fait ce pas ? Avez-vous franchi la ligne de sang ? Si vous ne l'avez pas fait, et si vous désirez le faire maintenant, faites cette simple prière d'engagement:

Seigneur Jésus-Christ, je crois que tu es le Fils de Dieu et que tu es le seul chemin vers Dieu. Tu es mort sur la croix pour mes péchés et tu es ressuscité des morts. Je suis maintenant désolé pour mes péchés. Je te demande de me pardonner, de me purifier dans ton précieux sang. Je t'ouvre mon cœur, Seigneur Jésus. Je t'invite à y entrer. Par une foi simple je te reçois maintenant comme mon Sauveur, et je confesse que tu es mon Seigneur. Viens dans mon cœur. Donne-moi la vie éternelle. Fais de moi un enfant de Dieu. Merci Seigneur. Amen.

C'est merveilleux que vous ayez fait ce pas. Souvenez-vous que l'œuvre de sanctification du Saint-Esprit n'est pas encore terminée. Il va continuer à vous sanctifier après le salut comme nous allons le voir.

Chapitre 14

Le sang et la parole

Nous avons vu comment Dieu intervient pour diriger nos vies dans l'éternité et dans le temps présent, et comment le Saint-Esprit nous aide à passer la ligne de sang. Nous allons maintenant voir plus en détails l'application du sang et la purification constante par l'eau de la Parole.

Le premier passage que nous allons voir est 1 Pierre 1:1-2, qui vous est maintenant familier:

... qui sont élus selon la prescience de Dieu le Père, par la sanctification (à travers l'œuvre de sanctification) *de l'Esprit afin qu'ils deviennent obéissants* (à l'Evangile. Et qu'est-ce qui suit l'obéissance ?) *Et qu'ils participent à l'aspersion du sang de Jésus-Christ.*

Le sang n'est pas appliqué dans nos vies tant que nous n'obéissons pas, tant que nous ne nous soumettons pas, tant que nous ne nous abandonnons pas aux exigences de Dieu sur nos vies Mais quand nous obéissons, le Saint-Esprit qui est l'administrateur du sang de Jésus nous asperge et nous sommes purifiés, rachetés et mis à part pour Dieu.

Entrer dans notre héritage

Quand nous franchissons la ligne de sang nous entrons dans notre héritage en Jésus-Christ. Revenons sur ce que Jésus a dit que Paul accomplirait pour les gentils en leur prêchant l'évangile:

... afin que tu leur ouvres les yeux, pour qu'ils passent des ténèbres à la lumière et de la puissance de Satan à Dieu, pour qu'ils reçoivent par la foi en moi, la pardon des péchés et l'héritage avec les sanctifiés. (Actes 26:18)

Nos péchés sont pardonnés à travers le sang de Jésus. Quand nos péchés sont pardonnés à travers le sang, alors nous entrons dans *l'héritage* de ceux qui sont sanctifiés par la foi en Jésus-Christ.

D'autres passages suivent cette idée de l'héritage, l'un d'entre eux est Ephésiens 1:7, 11:

En lui (Christ) *nous avons la rédemption par son sang, la rémission des péchés selon la richesse de sa grâce... en lui nous sommes aussi devenus héritiers, ayant été prédestinés suivant la résolution de celui qui opère toutes choses d'après le conseil de sa volonté.*

Quand nous recevons le pardon de nos péchés, nous avons la rédemption et nous obtenons notre héritage en Christ. Nous sommes amenés par le sang de Jésus hors du territoire de Satan dans le royaume de Christ. Colossiens fait ressortir cette vérité:

Rendez grâces au Père, qui nous a rendus capables d'avoir part à l'héritage des saints dans la lumière, qui nous a délivrés de la puissance des ténèbres et nous a transportés (transférés) *dans le royaume du fils de son amour.* (Colossiens 1:12-13)

Encore une fois, le sang de Jésus est la ligne de séparation entre les ténèbres et la lumière, entre la puissance de Satan et la puissance de Dieu. A travers le sang, Dieu nous a rendus capables de *participer à l'héritage des saints dans la lumière.*

Transfert total à travers le sang

C'est un transfert qui a lieu quand le sang de Jésus est appliqué dans nos vies. Nous sommes complètement transportés -esprit, âme et corps- du territoire de Satan au territoire de Christ. Le mot *transportés* indique un transfert complet. Deux hommes dans l'Ancien Testament ont été transférés: Enoch et Elie. Tous deux ont été entièrement transférés - esprit, âme et corps- dans le ciel, sans mourir. Tout ce qu'Elie a laissé derrière lui, c'est son manteau pour son successeur, Elisée afin qu'il le prenne. Quand Colossiens 1:13 dit que nous sommes *transportés* cela signifie que notre personnalité toute entière a été déplacée par une opération divine du territoire de Satan dans celui *du royaume du fils de son amour.*

La ligne de division entre les deux territoires est le lieu où le sang est appliqué. La croix achève l'autorité de Satan et nous enlève de son royaume de haine et de ténèbres pour nous faire passer dans le royaume de Jésus-Christ qui est le royaume de l'amour.

Un verset le dit clairement:

Il nous a délivrés de la puissance des ténèbres et nous a transportés dans le royaume du Fils de son amour, en qui nous avons la rédemption par son sang la rémission des péchés. (Colossiens 1:13-14)

C'est une affirmation puissante n'est-ce pas ? Nous avons été délivrés de *la puissance des ténèbres et transportés* (déplacés, transférés) *dans le royaume du Fils de son amour.*

Une purification permanente par la Parole

L'application du sang est un moment clé dans notre transition vers le royaume de Dieu. Cette vérité ne peut pas être surestimée. Mais il y a un autre facteur important dans notre progression continuelle vers la sainteté. Après l'application du sang, nous en arrivons au lavage continuel avec l'eau de la Parole.

Nous voyons ce principe important dans le livre des Ephésiens:

Maris, aimez vos femmes comme Christ a aimé l'Eglise et s'est livré lui-même pour elle, (en rédemption sur la croix) *afin de la sanctifier après l'avoir purifiée par l'eau et la parole...* (Ephésiens 5:25-26)

Christ a racheté l'Eglise -tous les croyants- par son sang afin qu'il puisse la sanctifier par la purification par l'eau de sa Parole, dans un but précis qui est affirmé au verset 27:

... afin de faire paraître devant lui cette Eglise glorieuse sans tache, ni ride ni rien de semblable, mais sainte et irrépréhensible.

Comme nous l'avons vu, la sainteté de l'Eglise n'est pas achevée seulement à travers la rédemption par le sang. Mais à travers la rédemption par le sang de Christ suivie de la purification par l'eau de la parole.

La cuve: équivalence de la purification par la Parole dans l'Ancien Testament

Ce sujet du lavage et de la purification est magnifiquement illustré dans l'Ancien Testament par un objet dans le tabernacle -le lieu d'adoration des Israélites avant que le temple ne soit bâti. Cet objet est la cuve ; c'était un récipient contenant l'eau destinée à la purification des sacrificateurs.

D'une façon ou d'une autre, tout dans le tabernacle représente Jésus-Christ, la vie chrétienne et la provision de Dieu pour nous. C'est pourquoi tant d'attention est porté au tabernacle dans l'Ancien Testament. Il y a environ quarante chapitres qui traitent ce sujet. Nous trouvons deux fois une liste complète des objets du tabernacle et le rapport de ces objets entre eux, ainsi que d'autres détails. Le tabernacle est donc extrêmement important et c'est un des plus grands moyens d'enseignement sur Christ et la vie chrétienne.

Nous en voyons en partie l'importance dans Exode 30:
L'Eternel parla à Moïse et dit: tu feras une cuve d'airain avec sa base d'airain pour les ablutions ; tu la placeras entre la tente d'assignation et l'autel et tu y mettras de l'eau avec laquelle Aaron et ses fils se laveront les mains et les pieds. Lorsqu'ils entreront dans la tente d'assignation, ils se laveront avec cette eau afin qu'ils ne meurent pas ; et aussi lorsqu'ils s'approcheront de l'autel pour faire le service et pour offrir des sacrifices à l'éternel, ils se laveront les mains et les pieds afin qu'ils ne meurent pas. Ce sera une loi perpétuelle pour Aaron, pour ses fils et pour leurs descendants. (Versets 17 à 21)

Nous devons noter qu'il y avait double provision pour le prêtre: l'autel du sacrifice et la cuve d'eau pure. C'est seulement à travers la double provision que les sacrificateurs pouvaient atteindre la sainteté nécessaire pour mener à bien leurs devoirs spirituels. Le même principe s'applique à nos vies spirituelles.

Ceux qui s'approchaient du tabernacle l'approchaient à travers le portique. Le premier objet auquel ils étaient confrontés -ils ne pouvaient pas l'éviter, il était sur leur chemin- était l'autel du sacrifice, recouvert de bronze où le sang des animaux sacrifiés était répandu. Cette localisation montre que personne ne peut approcher Dieu en dehors de la base de la mort de Christ sur la croix. Aucun pécheur ne peut approcher Dieu sans un sacrifice propitiatoire. Et le seul sacrifice acceptable pour Dieu, c'est celui qui se substitue au pécheur, Jésus qui a versé son sang et donné sa vie sur la croix. Ainsi, la première grande vérité à l'intérieur du tabernacle est l'image de l'autel qui nous parle du sang. Le sang réconcilie le pécheur avec Dieu et met ensuite le réconcilié à part ; il le fait passer du royaume de Satan au territoire de Dieu.

Avant que le sacrificateur puisse aller de l'autel au tabernacle, il devait passer par la cuve de bronze. Une lecture attentive du texte nous montre qu'il n'était pas permis de passer sans s'arrêter pour se laver les mains et les pieds dans la cuve. La cuve était une partie indispensable de ce que Dieu avait prévu pour le sacrificateur.

La cuve symbolise la parole de Dieu qui nous purifie et nous transforme. En méditant et en obéissant à la parole de Dieu, nous sommes progressivement changés, dans notre caractère, notre attitude, nos points de vue ainsi que dans notre conduite quotidienne.

Dieu dit que le sacrificateur mourrait s'il ne se lavait pas dans la cuve. Nous soulignons souvent l'importance du sang, mais si l'eau n'était pas appliquée la peine était la mort. Je ne peux imaginer aucune autre manière plus forte de souligner l'importance absolue et essentielle pour les chrétiens non seulement de se confier dans le sang de Jésus pour la rédemption mais aussi de se soumettre à la parole de Dieu pour leur purification et leur sanctification continuelles.

L'un des aspects de l'image de la cuve dans l'Ancien Testament est devenu pour moi très réel en lisant l'ordonnance de la cuve que nous venons de voir.

L'Eternel parla à Moïse et dit: tu feras une cuve d'airain, avec sa base d'airain pour les ablutions. (Exode 30:17-18)

Selon ma connaissance des métaux utilisés dans le tabernacle et plus tard dans le temple, l'or représente la nature de Dieu et la sainteté, l'argent représente la rédemption, et le bronze le jugement. Remarquez que l'autel, le lieu du jugement était en bronze. On utilisait aussi de l'or pur et de l'or battu dans le tabernacle. L'or pur, c'est Dieu lui-même, l'or battu c'est l'Eglise qui doit être modelée à sa ressemblance." (voir Romains 8:29)

Ils se laveront les mains et les pieds, afin qu'ils ne meurent pas. Ce sera une loi perpétuelle pour Aaron, pour ses fils et pour leurs descendants. (Exode 30:21)

Nous voyons que cette cuve de bronze dont nous n'entendons pas beaucoup parler, était une partie essentielle et permanente du ministère sacerdotal des Israélites. Le sacrificateur ne pouvait pas s'approcher du tabernacle par l'autel, ni revenir en arrière du tabernacle vers l'autel sans se laver dans la cuve. Je crois que la *purification par l'eau et la parole* mentionnée dans Ephésiens 5:26 est un parallèle exact du rôle de la cuve.

Comment le sang et l'eau oeuvrent ensemble

Pour insister sur ces points, retournons au verset de 1 Jean 5:

C'est lui Jésus-Christ qui est venu avec de l'eau et du sang ; non avec l'eau seulement mais avec l'eau et avec le sang ; et c'est l'esprit qui rend témoignage car l'esprit est la vérité. (verset 6)

Ces deux composantes (le sang de Jésus en sacrifice de rédemption et l'eau de la purification continuelle de la parole de Dieu) doivent aller ensemble. Sans le sang, nous n'avons pas d'accès ; nous n'avons pas la vie. Mais sans la Parole, nous ne sommes pas purifiés ; nous ne sommes pas sanctifiés. Nos impuretés ne sont pas lavées, et nous ne sommes pas habilités à entrer dans la présence de Dieu.

Nous avons donc tout d'abord la rédemption par le sang et ensuite la purification et la sanctification par l'eau de la Parole. L'opération globale produit une Eglise qui est sainte et acceptable aux yeux de Dieu. Cela nous montre que la rédemption par le sang seul n'est pas le but ultime. Le but ultime est d'abord la rédemption suivie par la sanctification et la purification par la parole.

Chapitre 15

En regardant dans le miroir

Nous avons vu l'importance de l'aspect de la cuve de lavage et de purification dans le tabernacle sous l'Ancienne Alliance, en particulier en ce qu'elle est l'image du lavage par l'eau de la Parole accomplie sous la Nouvelle Alliance. Dans ce chapitre nous allons nous intéresser à un autre aspect de la cuve – sa qualité de miroir, qui met en parallèle le rôle de la parole de Dieu.

Commençons par expliquer une autre qualité intéressante de la cuve qui est mentionnée dans Exode 38:8. En général, il nous est très peu parlé dans la Bible de l'endroit d'où venaient les matériaux qui servaient à fabriquer les objets du tabernacle. Mais dans le cas de la cuve, il nous est parlé du matériau et je suis sûr que Dieu l'a fait à dessein:

Il (Betsaleél, qui fit tous les ustensiles du Tabernacle) *fit la cuve d'airain, avec sa base d'airain, en employant les miroirs des femmes qui s'assemblaient à l'entrée de la tente d'assignation.* (Exode 38:8)

A l'époque du tabernacle, les Israélites n'avaient pas de miroir en verre. Leurs miroirs étaient faits de bronze ou d'acier très finement poli. Ce verset nous dit que pour faire la cuve, les femmes ont dû sacrifier leurs miroirs. L'idée ici n'est pas que la femme ne doit pas prendre soin de son apparence extérieure. La pensée qui domine ici, est de nous montrer qu'il nous faut regarder ce à quoi nous ressemblons dans le miroir spirituel de la parole de Dieu plutôt que dans le miroir naturel.

Dieu met l'accent sur la beauté intérieure de la sainteté plutôt que sur la beauté apparente, physique, dont la Bible dit qu'elle est *vaine* et qu'elle passera (voir Proverbes 31:30). Dieu nous laisse entendre qu'il est temps pour nous de donner plus d'importance à ce que nous sommes intérieurement et moins d'importance à ce que nous sommes extérieurement. Nous devons remplacer notre souci de l'apparence physique par un souci d'expérience spirituelle.

L'aspect miroir de la cuve nous donne une connexion directe entre l'opération de lavage par l'eau et la fonction du miroir. Regardons à un verset du Nouveau Testament qui véhicule cette idée. Dans Jacques, il nous est dit que entre autres choses, la parole de Dieu est comme un miroir.

Car si quelqu'un écoute la parole et ne la met pas en pratique, il est semblable à un homme qui regarde dans un miroir son visage naturel et qui, après s'être regardé, s'en va, et oublie aussitôt quel il était. (Jacques 1:23-24)

Il est possible de regarder dans un miroir, d'y voir toutes sortes de défauts qui ont besoin d'être corrigés -vos cheveux sont en bataille, votre visage est sale, votre cravate est de travers, il y a une tâche sur votre costume- puis de s'en aller en oubliant les défauts que vous venez de voir sans y remédier. En fait, vous auriez tout aussi bien pu ne pas vous regarder dans le miroir.

Jacques disait que si vous lisez la Bible ou entendez la Parole prêchée et que vous voyez que vous avez besoin d'un ajustement spirituel et que vous ne vous corrigez pas, alors vous êtes comme une personne qui regarde dans un miroir et voit des choses qu'il faut ajuster mais ne fait rien. Le miroir n'a fait aucun bien à cette personne.

Pour le côté positif, Jacques continue:

Mais celui qui aura plongé les regards dans la loi parfaite, la loi de la liberté et qui aura persévéré n'étant pas un auditeur oublieux, mais se mettant à l'œuvre, celui-là sera heureux dans son activité. (Jacques 1:25)

Notre condition spirituelle intérieure

La parole de Dieu est donc comme un miroir qui est devant nous et nous montre notre condition spirituelle intérieure. Nous avons la responsabilité d'agir selon ce que nous voyons

Lors des services de délivrance je dis aux gens: "Ne vous attendez pas à ce que je vienne vers vous le doigt pointé pour vous dire que vous avez un démon et que vous devez vous en débarrasser. Je ne fais pas cela. Mais je tiens le miroir de la Parole afin que vous puissiez vous y regarder et que vous agissiez en fonction de ce que vous voyez." C'est leur décision et leur responsabilité, pas la mienne.

En fait, c'est vrai pour toute prédication, tout enseignement et tout ministère. Nous, prédicateurs pouvons tenir le miroir mais vous qui nous écoutez êtes responsables d'agir selon ce que vous y voyez. Et si vous voyez quelque chose et que vous n'agissez pas, cela ne vous fait aucun bien. En fait, cela vous apporte une condamnation au lieu de la bénédiction.

Nous avons vu à partir des Ecritures que nous avons étudiées que le miroir et la cuve étaient tous deux faits du même métal, le bronze. Avant cela, j'ai parlé de trois métaux courants et de leur signification dans l'Ecriture. Regardons de nouveau ces affirmations pour que ce soit bien clair: l'or représente la nature divine et la sainteté, l'argent, la rédemption et le bronze le jugement.

Vous verrez ces principes en application dans toutes les Ecritures. Par exemple, sur l'île de Patmos Jean a vu Jésus dans sa gloire et *ses pieds étaient semblables à de l'airain ardent, comme s'il eut été embrasé dans une fournaise.* (Apocalypse 1:15) C'est une image de Christ qui vient juger les méchants -les fouler aux pieds en signe de jugement.

Nous devons nous juger nous-mêmes

Quand nous regardons dans le miroir de la parole de Dieu et que nous y voyons notre véritable état, Dieu s'attend à ce que nous nous jugions nous-mêmes à partir de ce que nous voyons. Cette vérité est clairement exprimée par Paul, inspiré par le Saint-Esprit pour nous montrer que cette responsabilité est la nôtre:

Si nous nous jugions nous-mêmes nous ne serions pas jugés. (1 Corinthiens 11:31)

La maturité la plus élevé que nous pouvons atteindre est celle où nous nous jugeons nous-mêmes (en évaluant notre conduite ou notre attitude) par ce que nous voyons dans la Parole. Le verset 32 complète cette pensée:

Mais quand nous sommes jugés (par Dieu en tant que croyants) *nous sommes châtiés* (disciplinés) *par le Seigneur, afin que nous ne soyons pas condamnés avec le monde.*

Encore une fois le plus haut niveau dans la vie chrétienne n'est pas que Dieu doive continuer à nous punir mais que quand nous regardons dans le miroir de la Parole et que nous voyons quelque chose de mauvais dans nos vies, nous agissions pour le changer, évitant ainsi la punition.

Si nous n'agissons pas selon elle, Dieu appliquera sa discipline et commencera à nous châtier. Son objectif en faisant cela est d'éviter que nous prenions le chemin du monde vers la condamnation. Mais si nous résistons au châtiment de Dieu et que nous prenons le chemin du monde, alors nous tombons sous le même jugement que le monde. *Si nous disons que nous n'avons pas de péché, nous nous séduisons nous-mêmes et la vérité n'est pas en nous.* (1 Jean 1:8)

D'un autre côté, nous pouvons regarder dans le miroir de la parole de Dieu et voir clairement révélé qu'il y a quelque chose de mauvais dans nos vies -une faute, une erreur, une mauvaise priorité, une mauvaise attitude. Alors nous faisons le choix de nous juger nous-mêmes en disant: "Ce n'est pas bien. Je ne devrais pas le faire. J'y renonce. Seigneur je me repens. S'il te plait, délivre moi. "Si nous faisons cela, Dieu n'aura pas à nous châtier. *Si nous confessons nos péchés il est fidèle et juste pour nous les pardonner et pour nous purifier de toute iniquité.* (1 Jean 1:9)

Je constate que beaucoup de chrétiens passent par toutes sortes de châtiments qu'ils auraient pu facilement éviter s'ils avaient agi selon ce que Dieu leur avait montré dans le miroir de sa Parole. Beaucoup de vos problèmes ne viennent pas d'une persécution due à votre justice, (ne vous méprenez pas). Ils sont le résultat de votre propre entêtement, du fait que vous marchiez sur votre propre voie et que vous refusiez de changer malgré le fait que Dieu vous ait montré votre état dans sa Parole. Alors Dieu dit: "Très bien, je dois commencer à te discipliner parce que tu n'as pas voulu accepter ce que le miroir te montrait."

Je ne crois pas que choisir de servir Jésus-Christ soit une option difficile. Personnellement, j'ai de la peine quand j'entends des prédicateurs dire que si vous décidez de servir Christ tout ira de travers. Ce n'est pas vrai. Je vous dis clairement que quand vous servez Christ il peut y avoir des persécutions et des problèmes dans votre vie chrétienne. Mais si vous décidez de ne pas servir Christ, ce sera bien pire. Soyez-en certain.

Il y a évidemment des persécutions et des oppositions dans la vie chrétienne. Mais beaucoup de choses que nous traversons ne sont ni des persécutions ni de l'opposition. C'est le châtiment de Dieu pour notre entêtement parce que nous avons vu ce qu'il essayait de nous montrer dans la Parole mais nous avons refusé d'agir en conséquence.

La beauté du miroir

D'un autre côté, ce qui est beau à propos du miroir c'est qu'il vous montre plus que simplement ce qui est mauvais en vous. Quand vous agissez selon ce que Dieu vous demande et que vous vous regardez de nouveau dans le miroir, savez-vous ce que vous voyez ? Vous voyez Jésus-Christ et ce que vous pouvez être aux yeux de Dieu à travers lui.

Nous trouvons une autre merveilleuse référence à ce miroir en le comparant au contexte des Israélites qui étaient sous la loi de Moïse. Après que Moïse ait rencontré Dieu, il a jugé nécessaire de voiler sa face afin que le peuple ne voie pas la gloire de Dieu resplendir sur son visage jusqu'à ce qu'il rencontre de nouveau Dieu. (voir 2 Corinthiens 3:11-16 ; Exode 34:28-35) Le voile indiquait un certain inachèvement de la révélation. Mais Paul dit que, pour nous qui sommes sous la nouvelle alliance, les conditions sont différentes:

Nous tous qui le visage découvert, contemplons comme dans un miroir la gloire du Seigneur, nous sommes transformés (continuellement) *en la même image, (*la même image que celle que nous voyons dans le miroir) *de gloire en gloire, comme par le Seigneur, l'Esprit.* (2 Corinthiens 3:18)

Voici une grande vérité à saisir: l'Esprit du Seigneur peut agir en vous pour votre bien seulement quand vous êtes dans une certaine position. Quelle est cette position ? Quand vous regardez dans le miroir de la Parole. Si vous quittez des yeux le miroir de la Parole, l'Esprit de Dieu ne peut plus agir en vous. L'Esprit agit quand vous regardez dans le miroir de la Parole pour vous changer en ce que Dieu veut. En regardant dans le miroir, vous voyez la gloire de Christ, la beauté de la sainteté. L'Esprit de Dieu vous change en la même image que celle que vous voyez.

C'est le programme de transformation de Dieu pour vous, pour vous sanctifier véritablement, pour changer vos réactions, vos désirs, vos attitudes, vos humeurs, et vos passions. Elles sont changées quand vous regardez dans le miroir de la parole de Dieu et que vous croyez ce que vous voyez. Le Saint-Esprit vous change *de gloire en gloire.*

Le voile se lève et se déploie toujours plus sur la gloire de Jésus-Christ dans le miroir de la Parole pour celui qui continue à regarder dans le miroir. Le problème avec beaucoup d'entre nous c'est que quand les problèmes arrivent, nous quittons le miroir des yeux.

J'ai toujours été impressionné par ce qui est dit de Moïse dans le livre des Hébreux:

C'est par la foi qu'il quitta l'Egypte, sans être effrayé de la colère du roi ; car il se montra ferme, comme voyant celui qui est invisible. (Hébreux 11:27)

C'est beau. Comment pouvez-vous voir l'invisible ? Pas par vos yeux naturels, ni dans certaines situations, ni à travers les circonstances, mais dans le miroir. Le miroir vous montre ce qui est invisible et éternel.

Regarder les afflictions du passé dans le monde invisible

Paul parle de regarder dans l'éternité pour voir l'invisible dans 2 Corinthiens 4:17-18. Il commence par ces mots: *Car nos légères afflictions (*verset 17). L'expression *légères afflictions* me pousse à me demander pourquoi tant de gens se plaignent aujourd'hui de leur vie. Paul a été battu cinq fois, lapidé une fois et a fait deux fois naufrage. Lisez la liste de ce qu'il a traversé dans 2 Corinthiens 11:23-28 et écoutez ensuite ce que Paul appelle *nos légères afflictions.*

Certaines personnes essaient de vous dire que Paul était en quelque sorte invalide. Elles disent qu'il avait une maladie des yeux et qu'il boitillait. Tout ce que je peux dire c'est que si Paul était invalide, alors qu'on aie davantage d'invalides comme lui dans l'Eglise ! Un homme qui réussit à traverser tout ce que Paul a traversé n'a rien d'un invalide. Mais après énuméré toutes ces expériences désastreuses, Paul dit:

Car nos légères afflictions du moment présent produisent pour nous, au delà de toute mesure un poids éternel de gloire, parce que nous regardons non pas aux choses visibles, mais à celles qui sont invisibles ; car les choses visibles sont passagères (transitoires, non permanentes) *et les invisibles sont éternelles* (elles durent pour toujours). (2 Corinthiens 4:17-18)

Où regardons-nous ? Aux choses invisibles et éternelles dans le miroir de la parole de Dieu. Et quand nous les regardons, nos *légères afflictions* accomplissent le dessein divin. Mais si nous quittons le miroir des yeux, alors le Saint-Esprit cessera d'agir jusqu'à ce que nous reposions nos yeux sur le miroir de la Parole.

Paul a exprimé le but du processus de l'intervention divine à travers le Saint-Esprit. En parlant de son ministère envers les païens il dit:

... d'être ministre de Jésus-Christ parmi les païens m'acquittant du divin service de l'Evangile de Dieu afin que les païens lui soient une offrande agréable étant sanctifiée par l'Esprit saint. (Romains 15:16)

Dans le grec original, le temps utilisé est en fait le passé composé : (Ayant été) *sanctifiés par le Saint-Esprit.* Ce que Paul décrit est le but de ce processus par lequel le Saint-Esprit nous sanctifie- un processus qui commence avant que nous ne connaissions Dieu. Il nous prédestine, il nous sépare, il nous révèle la croix, il nous conduit à la ligne de sang, il nous la fait traverser et nous sanctifie continuellement quand nous regardons dans le miroir et que nous sommes lavés par l'eau de la Parole.

Le but ultime de tout ce qui a pris place, c'est que l'offrande des gentils (les croyants en Jésus-Christ non juifs) soient acceptables pour Dieu, ayant été pleinement et entièrement sanctifiés par le Saint-Esprit. Ce même principe s'applique aussi à nous.

Chapitre 16

La foi et les oeuvres: notre réponse

Nous avons examiné tout ce que Dieu a prévu pour nous, y compris l'œuvre de Jésus et du Saint-Esprit afin que nous puissions répondre à son appel à la sainteté. Dans ce chapitre, nous allons discuter en détail de notre réponse à l'intervention de Dieu dans notre vie -c'est-à-dire de notre foi et de nos oeuvres.

La foi indispensable

Tout d'abord, parlons de notre foi. Il y a un moment où Dieu ne peut pas aller au-delà de notre foi. Au commencement du processus par lequel il nous attire à lui, Dieu oeuvre sans que nous exercions activement notre foi. Mais l'apogée de ses desseins dépend de notre réponse dans la foi. Il y a un moment où la foi devient indispensable si on veut que le destin de Dieu s'accomplisse dans nos vies.

Pour faire la relation avec ce que nous avons vu dans le chapitre précédent, nous acceptons par la foi ce que nous voyons dans le miroir de la parole de Dieu. Nous regardons dans le miroir, nous nous repentons de nos péchés, nous changeons nos voies, nous nous soumettons à la discipline divine, *nous marchons dans la lumière comme il est lui-même dans la lumière* (1 Jean 1:7) et nous *marchons dans la vérité* (3 Jean 1:3) de la parole de Dieu. Quand nous faisons ces choses, comme je l'ai dit plus haut, nous sommes en mesure d'accepter par la foi les vérités extraordinaires sur nous-mêmes que nous trouvons dans la parole de Dieu. Souvenez-vous que nous ne sommes pas en dehors de Christ, ni en dehors de la grâce de Dieu. Nous sommes des croyants qui ont pris leur place en Christ et qui se tiennent à la droite de Dieu.

Regardons maintenant de plus près une série d'affirmations très encourageantes. Chacune d'entre elle s'applique à tous les chrétiens mais doit aussi être acceptée par vous en tant que chrétien individuellement par la foi si vous voulez qu'elles soient efficaces dans votre vie. (Remarquez que ce qui suit n'est pas une liste exhaustive d'affirmations sur notre expérience en Christ.)

Acceptés dans le bien-aimé

Ephésiens 1:6 dit que Dieu *nous a rendus acceptables dans le bien-aimé* (traduction de la Bible KJV en français). *Le bien-aimé*, c'est Jésus-Christ. Il est si important pour vous de réaliser que Dieu vous *veut.*

Le terme *acceptables* dans le verset ne rend pas justice à la profondeur de cette vérité. Le mot grec est 'charitoo' qui signifie 'gracier', 'doter d'un honneur spécial', 'rendre acceptable' et 'être hautement favorisé.' C'est le même mot qui est utilisé pour la vierge Marie quand l'ange Gabriel lui apparaît et dit: *Je te salue, toi à qui une grâce a été faite* (charitoo*). "* (Luc 1:28) L'ange disait en substance: "Tu es acceptée gracieusement ; tu es l'objet de la grâce et de la faveur divine." En Christ, tout croyant devient l'objet d'une grâce et d'une faveur particulières.

Dieu nous accueille. Des multitudes de gens passent leur vie en se sentant rejetés. Leurs parents les ont rejetés, leurs amis les ont rejetés, la société les a rejetés et parfois même l'Eglise. Ils doivent réaliser que quand il viennent à Dieu en Christ, il sont acceptés par lui et pas simplement tolérés. Encore une fois, il est essentiel de comprendre que vous êtes accepté en Christ. Souvent, j'ai conduit des gens dans une confession comme celle-ci:

Je te remercie Seigneur parce que je suis accepté en Jésus-Christ. Dieu est mon père. Le ciel est ma maison. Je suis un membre de la famille de Dieu. Je ne suis pas simplement toléré ; je suis accepté.

Aucune condamnation

Romains 8:1 nous donne une autre vérité extraordinaire sur notre expérience en Christ:

Il n'y a donc maintenant aucune condamnation pour ceux qui sont en Jésus-Christ.

Vous n'êtes pas condamné. Vous n'êtes pas coupable. Le passé a été liquidé. Vous êtes justifié par le sang de Jésus. (voir Romains 5:9) Vous avez probablement entendu cette définition du mot *justifié.* "Comme si vous n'aviez jamais péché". C'est ce que signifie justifié. Nous avez été rendus justes de la justice de Christ -une justice dans laquelle même le diable ne peut trouver ni défaut ni tache.

Mis à part pour Dieu

De plus, Hébreux 13:12 nous dit que nous sommes sanctifiés par le sang de Jésus. *Afin de sanctifier le peuple par son propre sang.* Cela signifie que nous sommes mis à part pour Dieu à travers le sang de Jésus.

Continuellement purifiés

1 Jean 1:7 affirme que nous sommes continuellement purifiés à travers le sang de Jésus.

Mais si nous (continuons à) *marchons dans la lumière, comme il est lui-même dans la lumière nous sommes mutuellement en communion avec lui et le sang de Jésus-Christ son Fils nous purifie de tout péché.*

Vivant pour Dieu

Et Romains 6:11 nous assure que nous sommes vivants de la vie de Dieu:

Ainsi vous-mêmes, regardez-vous comme morts au péché, et comme vivants pour Dieu en Jésus-Christ.

Toutes ces affirmations de la parole de Dieu sont merveilleusement vraies mais nous devons les accepter par la foi. Les ayant acceptées par la foi, nous pouvons les mettre en oeuvre. C'est là où la foi doit se traduire en actions -en oeuvres.

Actions positives et oeuvres

En mettant en oeuvre la vérité des affirmations que nous avons acceptées par la foi, nous avons deux possibilités: le côté négatif, ce que nous ne faisons pas. Et le côté positif, ce que nous faisons. Ne laissez jamais le diable vous cantonner dans l'aspect négatif. Vous devez passez du négatif au positif.

Par exemple, vous devez être *mort au péché (*Romains 6:11). Mais pour l'amour de Dieu n'en restez pas là ! Vous devez aussi être *vivants pour Dieu* (verset 11) Mort au péché et vivant pour la justice.

Autrement dit, il ne suffit pas d'arrêter de faire ce qui est mauvais. Cela ne vous rend pas saint, et ce n'est pas non plus la nature de la sainteté de

Dieu. Dans Matthieu 5, Jésus explique le rapport entre la sainteté et ce que nous faisons:

Que votre lumière luise ainsi devant les hommes, afin qu'il voient vos bonnes oeuvres, et qu'ils glorifient votre Père qui est dans les cieux. (verset 16)

"Que votre lumière brille" cela signifie faire de bonnes oeuvres que les gens peuvent voir. Ce n'est pas simplement suivre un ensemble de règles négatives. C'est une force positive puissante. En fait je crois que la sainteté est la force la plus puissante à l'œuvre dans l'univers. Se contenter d'une vie dans laquelle on ne fait rien de mal et appeler cela sainteté, c'est se tromper soi-même. Ce n'est pas du tout ainsi que Dieu envisage la sainteté.

Nous voyons cette vérité clairement dans Romains 6. En parlant de ceux qui ont reconnu qu'ils étaient morts au péché et vivants pour Dieu, Paul dit:

Que le péché ne règne donc pas dans votre corps mortel, et n'obéissez pas à ses convoitises. Ne livrez pas vos membres au péché comme des instruments d'iniquité... (versets 12-13)

C'est l'aspect négatif, ne plus laisser le péché régner sur votre corps ; ne pas livrer pas les membres de votre corps comme des instruments que le péché contrôle. J'ai entendu une fois quelqu'un dire: "Celui qui veut aller au ciel doit apprendre à dire non et à vraiment s'y tenir." C'est la vérité. Il y aura des moments où vous devrez dire non au diable et non au péché et vraiment vous y tenir. Je vous assure que le diable sait quand vous le dites et que vous le pensez vraiment et quand vous le dites sans conviction. Le résultat de ces deux réponses est totalement différent. Alors encore une fois, vous devez dire non au diable et non au péché et vous devez vous y tenir. C'est la première partie.

La seconde partie, -la positive- c'est que vous livrez votre corps tout entier de manière délibérée à Dieu le Saint-Esprit afin qu'il le contrôle.

... donnez-vous vous-mêmes à Dieu, comme étant vivants de morts que vous étiez, et offrez à Dieu vos membres comme des instruments de justice. (verset 13)

Vous refusez au diable les membres de votre corps et vous les livrez à Dieu. Dans Colossiens nous voyons un autre aspect de cette nécessité:

Faites donc mourir (mortifier) *les membres qui sont sur la terre, l'impudicité, l'impureté, les passions,* (affections excessives) *les mauvais désirs, et la cupidité qui est une idolâtrie.* (Colossiens 3:5)

Mortifier signifie "garder mort". Premièrement vous reconnaissez ces membres charnels comme morts. Ensuite, vous les gardez morts. Il est clair que chacun d'entre nous est assailli par certains péchés tels que la luxure, la cupidité, la méchanceté, les commérages, la gloutonnerie etc. Vous devez maintenir morts certains péchés qui vous assaillent. Cela ne se fait pas en un jour. Cela se fait par des décisions continuelles en décidant que le problème ne dominera plus sur vous. Il est mort. Il est mort. Il est mort. Autrement dit, vous le mortifiez, vous le gardez mort.

Mais bien entendu il ne suffit pas de le garder mort. Encore une fois, il faut qu'il y ait une opération positive correspondante et nous trouvons l'aspect positif dans 1 Jean 3:3:

Quiconque à cette espérance en lui se purifie comme lui-même (Christ) *est pur.*

Dans votre poursuite de la sainteté il ne suffit pas de mortifier votre corps. Vous devez aussi purifier votre corps et les Ecritures disent que vous devez le faire en obéissant à la parole de Dieu. Nous voyons très bien cela dans 1 Pierre 1:22:

Ayant purifié vos âmes en obéissant à la vérité, par l'Esprit...

Nous purifions nos membres en obéissant à l'enseignement de la parole de Dieu en ce qui concerne ces membres. Nous les mortifions, nous les gardons morts au péché, nous les purifions, et nous les rendons de plus en plus purs et saints.

Dans nos relations

Nous exerçons les aspects négatifs et positifs d'une vie sainte aussi dans nos relations avec les autres. L'action négative, c'est que nous devons nous séparer des païens, de ceux qui sont impurs et souillés. L'action positive consiste à nous associer à ce qui est divin, pur et juste.

Cette vérité est affirmée dans 2 Timothée 2:

Dans une grande maison il n'y a pas seulement des vases d'or et d'argent, mais il y en a aussi de bois et de terre ; les uns sont des vases d'honneur, et les autres sont d'un usage vil. (verset 20)

La *grande maison* dont Paul parle ici, c'est l'Eglise. Il affirme que dans l'Eglise, il y a toutes sortes de gens qu'il appelle des vases, certains sont purs d'autres pas. Certains sont des vases d'honneur, d'autres sont d'un usage vil.

C'est aussi vrai pour notre vie aujourd'hui. Où que nous allions, nous trouvons de véritables croyants qui mènent des vies saintes. Il y a aussi des hypocrites, des faux chrétiens, et d'autres dans un état rétrograde qui se sont détournés de Dieu. Ces gens ne mènent pas une vie saine, pure et sainte. Paul dit qu'il y a des vases d'honneur, ou des vases qui sont purs, et il y en a qui sont pour un usage vil ou des vases impurs. L'avertissement de Paul suit au verset 21:

Si donc quelqu'un se conserve pur, en s'abstenant de ces choses (les vases impurs -remarquez que la purification est nécessaire pas seulement pour le péché mais pour les mauvaises associations) *il sera un vase d'honneur, sanctifié, utile à son maître, propre à toute bonne oeuvre.*

Il y a un temps où vous devez vous dissocier de ceux qui ne marchent pas dans la lumière, dans la vérité, dans l'Esprit et qui peuvent avoir une influence négative sur vous. Même s'ils sont membres de l'Eglise et professent la foi, ils ne sont pas des vases d'honneur mais des vases vils. Les Ecritures disent que vous devez vous séparer d'eux. Dans le même contexte, le passage continue:

Fuis les passions de la jeunesse, et recherche la justice, la foi, la charité, la paix avec ceux qui invoquent le Seigneur d'un cœur pur. (2 Timothée 2:22)

Cela commence par l'aspect négatif -l'action de fuir les passions de la jeunesse et continue par le côté positif: la poursuite des bonnes choses comme la justice, la foi, l'amour et la paix. Vous devez poursuivre ces bonnes choses en bonne compagnie, *avec ceux qui invoquent le Seigneur d'un cœur pur.* Nous avons ici la mise en oeuvre pratique de la sainteté exprimée très simplement. Dans tous les cas il y a une étape négative suivie d'une positive. Nous ne devons jamais nous contenter d'accomplir la partie négative.

Faisons un bref rappel de ce que nous avons vu jusqu'à présent dans cette partie:

1. Du côté négatif, nous refusons les membres de notre corps au péché et au diable. Nous disons: "Non, tu ne peux plus m'avoir. Je ne t'obéirai plus." Puis du côté positif, nous nous abandonnons au Saint-Esprit. Nous lui disons: "Mes membres sont maintenant à ta disposition, ils sont des instruments de justice sous ton contrôle."

2. Du côté négatif, nous mortifions -nous maintenons morts- les pratiques impures qui sont associées à la façon dont nous vivions dans le passé. Du côté positif, nous nous purifions nous-mêmes ainsi que nos membres en obéissant à la parole de Dieu continuellement.

3. Du côté négatif, nous nous séparons des gens qui sont des vases vils, impurs, ceux qui ne marchent pas dans les voies de la sainteté. Du côté positif, par un choix délibéré, nous nous associons à ceux qui marchent dans la voie de la sainteté, de la justice et de la vérité. Tout ceci fait partie de la mise en oeuvre de notre sanctification.

L'échelle promise

En terminant ce chapitre, j'aimerais voir trois passages qui vont vous donner une illustration utile concernant la sainteté.

Nous commencerons en revenant sur un verset de 2 Corinthiens:

Ayant donc de telles promesses, bien-aimés, purifions-nous de toute souillure de la chair et de l'esprit en achevant notre sanctification dans la crainte de Dieu. (2 Corinthiens 7:1)

Ce verset est centré sur le processus de purification sur la base des promesses de la parole de Dieu. La provision, comme je l'ai dit plus haut dans ce livre, réside dans les promesses. En agissant selon les promesses, nous nous purifions nous-mêmes de *toute souillure de la chair et de l'esprit*.

Les deux passages suivants -l'un de l'Ancien Testament et l'autre du Nouveau – nous donnent une très belle image. Le premier se trouve dans Genèse 28 et décrit l'échelle que Jacob a vue en rêve. Cette échelle atteignait le ciel et dessus il y avait les anges de Dieu. Jacob a eu ce rêve au moment où il a dû fuir de chez lui. A ce moment-là il était errant parce qu'il avait trompé et volé. Par conséquent, il avait les mains vides. Selon son propre témoignage, il n'avait plus rien à part un bâton qui lui permettait de marcher.

Dans cet état, Jacob est arrivé à un endroit où il voulait passer la nuit. L'obscurité est descendue sur lui et il n'avait nulle part où se reposer, alors il s'est étendu dans un champ avec pour oreiller une pierre. Cette nuit-là, dans ce néant, cette solitude et ce désespoir, Dieu lui parla et lui donna plusieurs promesses. Laissez-moi vous dire que quand vous arrivez au bout de vos ressources, c'est là que Dieu vous parle. Le Seigneur ouvrit les yeux de Jacob dans un rêve. Il vit une échelle qui s'étendait de la terre au ciel et les anges de Dieu y montaient et y descendaient.

En gardant cette image en tête, regardons rapidement un dernier passage:

Comme sa divine puissance nous a donné tout ce qui contribue à la vie et à la piété, au moyen de la connaissance de celui qui nous a appelés par sa propre gloire et par sa vertu, lesquelles nous assurent de sa part les plus précieuses promesses, afin que par elles vous deveniez participants de la nature divine en fuyant la corruption qui existe dans le monde par la convoitise. (2 Pierre 1:3-4)

En mettant ces deux images ensemble, nous avons tout d'abord l'image de l'échelle qui s'étend de la terre au ciel -symboliquement de la corruption du monde vers la nature sainte de Dieu. Ensuite, nous avons les barreaux de l'échelle, chacun pouvant être vu comme une promesse de la parole de Dieu. Paul écrit dans 2 Corinthiens 7:1 *Ayant donc de telles promesses...purifions nous.* Autrement dit, grimpons à l'échelle, marche par marche. Chaque fois que vous proclamez une promesse de Dieu, vous mettez votre pied sur le barreau suivant pour aller vers lui et sa nature divine.

L'échelle de Jacob qui va de la terre au ciel représente la parole de Dieu et ses promesses. On peut y monter en s'appuyant sur les promesses de Dieu et en les proclamant une par une, par progression. En proclamant les promesses, en les appliquant, et en les laissant agir dans votre vie, vous échappez à la corruption du monde et vous devenez participants de la nature divine. C'est ainsi que nous achevons la sanctification que nous recevons d'abord par la foi.

Chapitre 17

Les étapes pratiques vers la sainteté

Jusqu'ici nous avons établi que Dieu est saint et que par conséquent il exige la sainteté de son peuple. Il semble impossible d'atteindre la sainteté, mais nous avons appris la bonne nouvelle: Dieu a pourvu pour notre sainteté. Et cette provision vient à nous à travers sept aspects. Jésus-Christ, la croix, le Saint-Esprit, le sang de Jésus, la parole de Dieu, notre foi et nos oeuvres (ou les actions que nous faisons pour exprimer notre foi).

Nous avons aussi vu comment la provision de Dieu agit dans nos vies de façon concrète. Ses actions à notre égard commencent dans l'éternité et se traduisent dans le temps. Dans l'éternité, Dieu le Père nous connaît d'avance, nous choisit et nous prédestine. Et dans le temps présent, le Saint-Esprit commence et continue l'œuvre de sanctification. J'ai proposé que nous séparions l'œuvre de sanctification en trois actions: attirer, séparer et révéler.

Le Saint-Esprit commence à nous attirer, à nous séparer des autres et à nous amener à l'endroit où il peut nous révéler la vérité de Christ et de la croix. C'est le Saint-Esprit qui nous amène à la ligne de sang. En franchissant la ligne de sang sous son autorité, nous passons du territoire de Satan à celui de Dieu. Bien entendu, l'œuvre de sanctification du Saint-Esprit continue à partir de là.

Jésus: notre exemple parfait de sanctification

Examinons maintenant l'application pratique de cet enseignement sur la sainteté en regardant l'exemple de Jésus. Cette partie pourrait s'appeler "comment vous sanctifier vous-mêmes". Nous allons voir ce que vous pouvez faire concrètement en réponse à ce que Dieu a fait et à ce qu'il met à votre disposition.

Dans la sanctification comme dans d'autres aspects de la vie chrétienne, Jésus est notre exemple et notre modèle parfaits. Vous n'êtes peut-être pas conscient que Jésus lui-même était saint. Pourtant nous trouvons une affirmation à cet égard dans Jean 10 où Jésus discute avec les Juifs le fait qu'il soit le Fils de Dieu. Ils ont discuté et rejeté sa revendication mais il le leur a prouvé en citant des passages de l'Ancien Testament qui s'appliquaient à lui.

Choisi, sanctifié et envoyé

Nous n'allons pas prendre ici le temps de creuser tout le contexte biblique de la citation biblique de Jésus qui se trouve dans le Psaume 82:6, dans l'Ancien Testament. Nous allons simplement commencer avec l'affirmation qu'il fait dans l'Evangile de Jean citant le verset des Psaumes:

Jésus leur répondit: N'est-il pas écrit dans votre loi: j'ai dit vous êtes des dieux ? Si elle a appelé dieux ceux à qui la parole de Dieu a été adressée, (ceux qui ont été nommés juges sur le peuple) *et si l'écriture ne peut être anéantie, celui que le Père a sanctifié et envoyé dans le monde vous lui dites: Tu blasphèmes ! Et cela parce que j'ai dit: je suis le Fils de Dieu. ?* (Jean 10:34-36)

Le Père a sanctifié le Fils, Jésus, et l'a envoyé dans le monde. Cela signifie que le Père a choisi Jésus dans l'éternité pour une tâche particulière que personne d'autre au ciel ou sur terre ne pouvait accomplir. Ayant choisi Jésus, il l'a sanctifié -il l'a mis à part pour cette tâche. Puis ayant sanctifié Jésus, le Père l'a envoyé à un moment donné dans le courant de l'histoire humaine pour accomplir cette tâche. Jésus était le modèle parfait: le Père l'a choisi, le Père l'a sanctifié et le Père l'a envoyé.

Regardons ensuite Jean 17, où Jésus prie pour ses disciples. Le thème des versets 16 à 19 est la sanctification.

Ils ne sont pas du monde, comme moi je ne suis pas du monde. Sanctifie-les par ta vérité ; ta parole est la vérité. Comme tu m'as envoyé dans le monde, je les ai aussi envoyés dans le monde. Et je me sanctifie moi-même pour eux afin qu'eux aussi soient sanctifiés par la vérité. (Jean 17:16-19)

Remarquez l'affirmation de Jésus au verset 19: *Je me sanctifie moi-même.* Le Père a sanctifié Jésus dans l'éternité et l'a envoyé pour accomplir une tâche particulière. Mais la sanctification n'est pas achevée tant que la personne qui est sanctifiée ne répond pas à la volonté de Dieu par sa propre sanctification. La sanctification de Jésus n'était pas complète tant qu'il n'avait pas dit au Père en effet: "Je reconnais ton choix et la tâche que tu as pour moi, je me sanctifie maintenant moi-même. Je me mets à part pour l'accomplissement de la tâche pour laquelle tu m'as sanctifié et envoyé dans le monde."

En revoyant ces vérités, nous comprenons que le processus de sanctification commence par le Père dans l'éternité. Jésus se sanctifie lui-même pour le Père et ensuite pour la tâche pour laquelle le Père l'a envoyé. À travers les actions de Jésus nous voyons ces principes: en étant sanctifié, nous répondons d'abord à Dieu le Père, celui qui nous sanctifie, et nous répondons ensuite à la tâche pour laquelle il nous a appelés, la tâche que Dieu a choisi que nous accomplissions.

Je souligne ce point parce que nous devons comprendre que la sanctification sans une tâche peut souvent finir en activité religieuse sans aucun sens. La sanctification implique deux choses: une relation avec Dieu et une attitude par rapport à une tâche. Sans la tâche, la sanctification n'est pas complète.

L'attitude de Jésus envers le Père

Nous pouvons apprendre beaucoup de choses sur la sanctification en observant comment Jésus était lié à son Père. Regardons certains passages de l'Ecriture qui décrivent les attitudes de Jésus envers le Père, envers la volonté du Père et envers la tâche que le Père lui avait donnée.

Nous allons regarder d'abord le Psaume 40:7-8. Notez que ces mêmes mots sont appliqués au Seigneur Jésus-Christ par l'auteur des Hébreux. (Voir Hébreux 10:7) Mais je préfère les lire dans le livre des Psaumes parce qu'ils sont plus complets que dans les références des Hébreux. Dans le Psaume 40, nous lisons:

Alors je (le Fils) dis: voici je viens ; dans le rouleau du livre il est question de moi (dans les desseins éternels et le programme de Dieu il y a un rôle écrit que je dois jouer). *Je veux faire ta volonté, mon Dieu ! Et ta loi est au fond de mon cœur.* (versets 7-8)

C'est la réponse du Fils au Père. En découvrant la volonté du Père dans le *livre* il dit: *Dans le rouleau du livre, il est question de moi. Je veux faire ta volonté.*

Ce qui est merveilleux dans cette vérité c'est que dans ce même livre auquel Jésus se réfère, il y a quelque chose d'écrit pour chacun d'entre nous. Tout comme il y a quelque chose d'écrit pour Jésus, il y a quelque chose écrit pour vous et moi. Notre tâche est de découvrir ce qui est écrit pour nos vies *dans le rouleau du livre.*

Dans le rouleau du livre il est question de moi (en reconnaissant le dessein de Dieu, j'y réponds) *je veux faire ta volonté, mon Dieu, et ta loi est au fond de mon cœur.*

Nous allons maintenant voir trois passages de l'Evangile de Jean qui expriment la relation de Jésus au Père alors qu'il accomplit la tâche du Père. Dans Jean 6, Jésus dit:

Car je suis descendu du ciel pour faire non ma volonté mais la volonté de celui qui m'a envoyé. (verset 38)

Jésus est venu spécifiquement pour faire la volonté de Dieu révélée dans ses desseins éternels. Quand Jésus a découvert et discerné la volonté de Dieu écrite dans le rouleau du livre, il a dit en essence: "Voici, je suis venu pour faire ta volonté." Et il a dit à ceux qui étaient autour de lui: *Je suis venu du ciel non pas pour faire ma volonté mais celle de celui qui m'a envoyé.*

Dans le passage suivant, Jésus fait cette affirmation bien connue à Philippe:

Il y a si longtemps que je suis avec vous et tu ne m'as pas connu. Philippe ! Celui qui m'a vu a vu le Père, comment dis-tu montre-nous le Père ? (Jean 14:9)

En venant pour faire la volonté du Père et en faisant ce que Dieu avait prévu, Jésus a révélé le Père. Autrement dit, la façon dont il a fait connaître le Père invisible au monde, était de faire la volonté du Père -en accomplissant les tâches que le Père avait prévues pour lui.

Le troisième passage raconte ce que Jésus a dit dans sa prière à propos de la tâche que lui avait confiée le Père:

Je t'ai glorifié sur la terre, j'ai achevé l'œuvre que tu m'as donnée à faire. (Jean 17:4)

En accomplissant l'œuvre choisie pour lui par le Père, Jésus a glorifié le Père.

C'est le modèle: le Père a choisi Jésus, l'a sanctifié, et l'a envoyé pour accomplir une tâche. Jésus a découvert la volonté de Dieu écrite dans le rouleau du livre et à dit: *Voici, je viens pour faire ta volonté.* (Psaume 40:7-8) Il a témoigné: *Je suis descendu du ciel non pour faire ma volonté mais la volonté de mon père.* (Jean 6:38) Il était en effet capable de dire: "Si vous m'avez vu faire la volonté de mon Père, vous avez vu le Père." (Voir Jean 14:9) En accomplissant la tâche, Jésus a dit: "J'ai glorifié le Père." (Voir Jean 17:4)

Ainsi, Jésus accomplit ces résultats: (1) Il révèle le Père et (2) Il glorifie le Père. Nous reconnaissons donc les desseins ultimes de la sanctification: révéler et glorifier celui qui sanctifie.

Processus parallèles

Maintenant que nous avons observé ce modèle de relation entre le Père et le Fils, et la réponse du Fils au Père nous allons l'étendre à la relation de Jésus avec ses disciples. En regardant encore une fois Jean 17, nous voyons que Jésus a prié ainsi:

Sanctifie-les par ta vérité, ta parole est la vérité. Comme tu m'as envoyé dans le monde, je les ai aussi envoyés dans le monde. Et je me sanctifie moi-même pour eux afin qu'eux aussi soient sanctifiés par la vérité. (versets 17-19)

Remarquez que le thème tout au long de ce passage est celui de la sanctification. Au verset 18, Jésus dit au Père en essence: "Tout comme tu m'as envoyé dans le monde, moi aussi de la même manière je dois envoyer mes disciples dans le monde. En accomplissant ma volonté, les disciples seront sanctifiés comme j'ai été sanctifié en accomplissant la volonté de Dieu. Le modèle de relation de Jésus avec ses disciples est un modèle parfait de la relation du Père avec Jésus.

Si nous regardons à présent attentivement Jean 20:21, nous trouvons une affirmation de Jésus. Cette fois, il ne parlait pas au Père mais directement à ses disciples.

La paix soit avec vous ! Comme le Père m'a envoyé, moi aussi je vous envoie.

La relation est exactement parallèle. Le Père choisit, sanctifie, et envoie

Jésus pour une tâche particulière que personne ne peut accomplir à sa place. Ici, dans Jean 20, Jésus étend ce modèle aux disciples en leur disant: "Je vous ai choisis, je vous sanctifie et je vous envoie pour accomplir une tâche spécifique que personne d'autre ne peut accomplir."

Nous devons nous souvenir que la sanctification est basée sur un engagement d'abord envers Dieu, et non pas sur la tâche. Sans la tâche, la sanctification devient un rituel vidé de son sens ou une doctrine creuse. Mais sans l'engagement envers Dieu, la tâche devient une oeuvre vaine.

Sanctifié pour une tâche

Nous allons maintenant voir un passage qui vous demandera une attention particulière pour voir son application dans votre vie. Ce verset, c'est Hébreux 2:11:

Car celui qui sanctifie et ceux qui sont sanctifiés sont tous issus d'un seul. C'est pourquoi il n'a pas honte de les appeler frères.

Ce verset fait en fait référence à trois personnes ou groupes: (1) Celui qui sanctifie, (2) ceux qui sont sanctifiés et (3) Celui de qui tout vient. Prenons un instant pour voir à qui on fait référence dans chaque cas. Qui est *Celui qui sanctifie* ? (Attention avant de répondre) C'est soit le Père, soit Jésus, n'est-ce pas ? La bonne réponse est Jésus. Jésus est celui qui sanctifie les disciples. Qui sont *ceux qui sont sanctifiés* ? La bonne réponse est: les disciples.

Je donnai cet enseignement il y a quelques années à Pittsburgh en Pennsylvanie dans une grande Eglise presbytérienne. Devant moi étaient assis non pas sur le banc mais par terre deux petits garçons noirs américains. Le plus grand des deux ne devait pas avoir plus de douze ans. J'ai posé cette question à l'auditoire exactement comme je viens de le faire maintenant en demandant: "Qui sont ceux qui sont sanctifiés ?" Avant que la question soit même sortie de ma bouche, le plus jeune des deux garçons s'écria: "Les disciples !" Je suis presque tombé à la renverse en voyant combien il était en avance par rapport au reste de l'assemblée. C'était un enfant extraordinairement réceptif.

Nous avons encore une personne à identifier: celle dont il est dit *issus d'un seul*. Qui est ce seul ? Le Père bien sûr. Du Père vient *Celui qui sanctifie*, et *ceux qui sont sanctifiés* par lui. Le Père sanctifie le Fils ; le Fils sanctifie les disciples. Tout vient d'un seul qui est le Père.

Mais souvenez-vous que la sanctification de Jésus n'était accomplie que quand il a répondu à la volonté du Père en disant: "Je me sanctifie moi-même. Père, tu m'as mis à part, et maintenant je me mets à part pour la tâche que tu m'as révélée." De la même manière, la sanctification du disciple n'est accomplie que quand il dit à son tour: "Jésus, tu m'as choisi, tu m'as sanctifié, et maintenant je me sanctifie moi-même pour toi et pour la tâche que tu as pour moi."

Pour moi, le modèle que nous venons de décrire donne du sens à la sanctification. Honnêtement, pendant des années j'ai essayé de donner un sens à cette doctrine de la sanctification. Tout ce que j'ai pu trouver dans la plupart des cas était une série de règles: "Ne fais pas ci, ne fais pas ça," Ne bois pas, ne fume pas, ne danse pas, ne jure pas."

Quand je prêche à Copenhague, j'ai pour habitude de dire aux gens: "Il y a une statue au milieu de votre ville qui ne boit pas, ne danse pas, ne fume pas, ne jure pas. Mais elle n'est pas chrétienne. Si être chrétien c'est juste cela, allez planter un arbre qui ne boit pas non plus, ne danse, pas, ne fume pas, ne jure pas, ne va pas au cinéma, ne porte pas de rouge à lèvres, ne fait rien de ce que vous considérez comme mauvais et appelez-le chrétien. Comme je l'ai dit, j'ai du me frayer un chemin pour arriver à une compréhension claire et complète de la sanctification. Et par la grâce de Dieu, je crois que je l'ai trouvée. C'est très simple. Le Père a choisi, a sanctifié, et a envoyé Jésus pour une tâche. Jésus a répondu en disant: "Père, je me suis sanctifié moi-même. Maintenant je vais accomplir la tâche." Et il l'a accompli sur la croix.

Jésus choisit, sanctifie et envoie les disciples pour une tâche. Mais chaque disciple doit répondre à Jésus comme lui-même a répondu au Père. Le disciple doit se tourner vers Jésus et dire: "Jésus, je reconnais que tu m'as choisi. Je reconnais que tu m'as sanctifié. Et maintenant je me sanctifie pour la tâche pour laquelle tu m'as envoyé.

Le but de la sanctification

Il est très important de comprendre ce modèle dans le contexte du dessein ultime de la sanctification. Nous avons vu clairement qu'en accomplissant la tâche, le disciple accomplit pour Jésus ce que Jésus a accompli pour le Père. Qu'a fait Jésus pour le Père ? Il l'a révélé et il l'a glorifié.

Ce principe s'applique directement à vous, en tant que disciple. Quand vous découvrez votre tâche, vous vous mettez à part, d'abord pour Jésus et ensuite pour la tâche. Ensuite, en faisant la volonté de Jésus et en accomplissant la tâche, vous obtenez deux résultats: vous révélez et glorifiez Jésus. Quelle est donc la finalité de notre sanctification ? C'est de révéler et glorifier Jésus.

Souvent, Dieu disait de son peuple sous l'Ancienne Alliance: *Les nations sauront que je suis l'Eternel quand je serai sanctifié par vous sous leurs yeux.* (Voir par exemple Ezéchiel 36:23)

Le but de la sanctification n'est pas de nous rendre différents des autres peuples. Ce n'est pas de nous rendre plus saints. Ce n'est pas de vivre avec une série de règles négatives. C'est de révéler et glorifier Jésus-Christ, celui qui sanctifie. Mais ce résultat demande une réponse de celui qui est sanctifié, tout comme Jésus a dû répondre au Père qui l'avait sanctifié.

Regardons encore une fois Hébreux 2:11. J'espère que ce sera plus clair pour vous maintenant que la première fois où nous l'avons lu:

Car celui qui sanctifie (Jésus) *et ceux qui sont sanctifiés* (les disciples de Jésus ou ceux qui le suivent) *sont tous issus d'un seul* (Le Père). *C'est pourquoi il n'a pas honte de les appeler frères.*

Naturellement, Jésus n'a pas honte de les appeler frères car en accomplissant sa volonté dans la sanctification, ils montrent sa nature. Ils assument la ressemblance familiale. Ils deviennent comme lui -non pas seulement en théorie, ni en doctrine, mais en nature. De par leur vécu, ils ont démontré qu'ils étaient enfants de Dieu, révélant la nature du Père et de sa famille.

Chapitre 18

Le merveilleux secret

Dans ce chapitre, nous allons voir en détail de quelle manière nous pouvons répondre à Dieu dans les desseins qu'il a pour nous.

Ce n'est pas vous qui m'avez choisi ; mais moi, je vous ai choisis, et je vous ai établis afin que vous alliez et que vous portiez du fruit et que votre fruit demeure... (Jean 15:16)

Le choix dont il est question ici n'est pas à l'initiative des disciples. Le choix a été établi par le Seigneur Jésus-Christ. Il nous a choisis. Il nous a établis afin que nous allions accomplir les tâches qu'il nous a données. Et en accomplissant ces tâches, nous portons du fruit spirituel qui dure.

Alors que nous avançons dans l'accomplissement de son dessein divin, le reste de ce passage devient réalité:

... tout ce que vous demanderez à mon Père en mon nom, il vous le donnera. (verset 16)

Quand vous êtes dans la volonté de Dieu, toutes les frustrations, les obstacles, les frictions disparaissent. En marchant en parfaite harmonie avec la volonté de Dieu, vous accomplissez ses desseins, et vos prières faites pour l'accomplissement de ses desseins sont exaucées. C'est le secret de la prière exaucée. Elle est en parfaite harmonie avec la volonté de Dieu.

C'était aussi le secret de la vie terrestre de Jésus. Il n'était jamais en retard. Il n'était jamais en avance. Il n'était jamais pressé. Il n'était jamais anxieux. Il n'était jamais perdu. Il n'a jamais manqué de rien. Tous ses besoins ainsi que ceux de ses disciples ont été couverts. Pourquoi ? Parce qu'il était en parfaite harmonie avec la volonté du Père.

Avancer dans les desseins de Dieu

Quand nous comprenons notre part dans les desseins de Dieu et que nous avançons en harmonie avec ces tâches pour les accomplir, alors mes amis, nous commençons à voir la mise en oeuvre de Romains 8:28:

Nous savons du reste que toutes choses concourent au bien de ceux qui aiment Dieu (ce n'est pas la fin du verset) *de ceux qui sont appelés* ((ce n'est pas la fin du verset) *selon son dessein.*

C'est lorsque nous avançons dans les desseins de Dieu que tout concourt à notre bien. C'est lorsque nous avançons dans les desseins de Dieu que tout ce que nous demandons au Père au nom de Jésus nous est accordé. Mais le secret est avant tout de trouver la tâche de Dieu et de l'accomplir.

Vous ne pouvez pas proclamer Romains 8:28 quand vous n'êtes pas en harmonie avec la volonté de Dieu. Si vous ne vivez pas selon ses desseins, il y a beaucoup de choses qui ne concourent pas à votre bien dans le bon sens. Il peut y avoir des corrections, de la discipline, des avertissements, ce sont les moyens de Dieu pour vous remettre en ligne avec sa volonté. Mais toutes choses concourent au bien dans votre vie que quand vous êtes en parfaite harmonie avec la volonté de Dieu. Quand Dieu vous a choisi et envoyé et que vous répondez favorablement, vous portez du fruit, du fruit qui demeure.

Beaucoup de personnes dans le service chrétien portent du fruit qui ne demeure pas parce que ce n'était pas le fruit que Dieu leur demandait de porter. Ils n'ont pas agi en obéissance à sa volonté. Ils étaient trop occupés à travailler sur leurs propres projets, essayant de faire leur propres oeuvres, en faisant du *bénévolat* pour Dieu.

Mais Jésus n'a pas traité ses disciples de cette façon. Il leur a dit: "Vous ne m'avez pas choisi. Je vous ai choisis." Tout ce que vous faites en dehors du choix de Dieu est du bois, du foin, du chaume qui seront brûlés au jour du jugement. (Voir 1 Corinthiens 3:11-13)

La foi du 'castor affairé' contre la véritable foi

J'en conclus que le plus grand obstacle à la véritable foi est la foi du 'castor affairé'. Vous dites peut-être par exemple: "J'essaie d'accomplir des choses, Seigneur. Tu vois comment j'essaie de prier ? Je suis déterminé à ce que cet homme soit guéri." Tant que vous mettrez vos efforts charnels et votre propre volonté dans votre foi, la foi réelle vous sera étrangère.

Au cours des années, j'ai entendu beaucoup de discours creux sur le fait de prier dans la foi et être d'accord dans la foi tels que: "Mettons-nous d'accord et ça ira !" Nous savons parfaitement bien que souvent les gens sont d'accord sur un sujet et pourtant rien ne se passe. Pourquoi ? Parce qu'il faut plus qu'une simple décision intellectuelle. Par exemple, disons que nous sommes d'accord pour prier pour un frère qui est à l'hôpital. Il faut qu'il y ait l'harmonie dans cet accord -d'abord l'harmonie avec la volonté de Dieu ; ensuite, l'harmonie entre ceux qui prient.

J'ai appris que quand je peux prendre du recul et cesser d'être un 'castor affairé' en faisant mes propres affaires, c'est incroyable ce que Dieu peut faire. Je suis convaincu que la raison principale pour laquelle l'Eglise n'a pas la foi qu'elle devrait avoir, c'est parce qu'elle est trop occupée à faire des choses que Dieu ne lui demande pas de faire. Jésus a dit: *Ce n'est pas vous qui m'avez choisi ; mais moi je vous ai choisis, et je vous ai établis afin que vous alliez et que vous portiez du fruit.* Sur cette base, votre fruit demeurera. Et sur cette base, tout ce que vous demanderez au Père en mon nom, il vous l'accordera. (voir Jean 15:16). Si cette base est enlevée, vous n'avez pas droit à ces promesses.

Créés pour de bonnes oeuvres

Dans le livre des Ephésiens, nous voyons une vérité similaire à cette dernière partie de Romains 8:28, *à ceux qui ont été appelés selon son dessein.*

Car nous (les croyants) *sommes son* (celui de Dieu) *ouvrage, ayant été créés en Jésus-Christ pour de bonnes oeuvres afin que nous les pratiquions.* (Ephésiens 2:10)

Nous sommes la création de Dieu. Mes amis, si vous êtes chrétien, ne vous critiquez pas sans cesse. Ne vous sous-estimez pas. Ne parlez pas tout le temps de ce que vous ne pouvez pas faire. Ne ressassez pas tous vos échecs. Pourquoi ne devez-vous pas parler ainsi de vous ? Parce qu'en faisant cela vous critiquez l'ouvrage de Dieu. La Bible dit: *Nous sommes son ouvrage.*

Cette pensée est exprimée d'une façon différente dans Romains 9:20: *O homme qui es-tu, toi pour contester avec Dieu ? Le vase d'argile dira-t-il à celui qui l'a formé: pourquoi m'as-tu fait ainsi ?* Ce n'est pas à l'argile de dire au potier ce qu'il doit faire. Le Seigneur est le potier ; nous sommes l'argile. Il nous a formés comme il a voulu que nous soyons parce qu'il avait un but en tête. (Voir Romains 9:21 ; Esaïe 64:8)

Nous sommes son ouvrage, créés en Jésus-Christ pour de bonnes oeuvres que Dieu a préparées d'avance afin que nous les accomplissions. Ces mots *préparées d'avance* signifient "avant la fondation du monde." Dieu a prévu de bonnes oeuvres dans lesquelles vous et moi devons entrer. Nous n'avons pas à décider ce que nous allons faire. Nous devons découvrir ce que Dieu a choisi pour nous.

J'ai eu l'occasion de travailler avec un merveilleux groupe à l'étranger dans un champ missionnaire. Ils étaient très bien mais je dois dire que je n'ai jamais assisté à autant de réunions de comité de toute ma vie. (En fait, je crois que c'est depuis cette époque que je suis allergique aux réunions de comité !) Nous étions ensemble pour dire: "Qu'allons-nous faire ?" A un moment donné j'ai dit à mes chers frères missionnaires: "Nous sortons d'une crise pour entrer dans la suivante, ça ne peut pas être la volonté de Dieu." Quel était le problème ? Nous devions arrêter d'essayer de décider ce que nous devions faire pour découvrir ce que Dieu avait décidé que nous devions faire.

Arrêtons d'essayer de planifier nos vies ou notre ministère ou notre oeuvre missionnaire. Au lieu de cela, découvrons ce que Dieu a décidé avant la fondation du monde que nous devions faire. Quel soulagement quand on comprend qu'on n'a pas à faire de plans ! Tout ce que vous avez à faire c'est de découvrir les plans que Dieu a déjà faits.

Trouver le merveilleux secret

Retournons rapidement aux paroles du Psaume 40: *Dans le rouleau du livre il est question de moi* (verset 8). Jésus n'a planifié ni sa vie ni son ministère. Il a découvert ce que Dieu avait planifié dans *le rouleau du livre* et il dit: *Voici, je viens... pour faire ta volonté.* (versets 8-9)

Mes amis, voilà un merveilleux secret. Dieu a quelque chose écrit dans son livre pour vous de la même façon qu'il avait quelque chose d'écrit pour Jésus. Vous serez vraiment heureux quand vous aurez trouvé ce qui est écrit dans le rouleau du livre pour vous et que vous commencerez à l'accomplir.

Arrêtez d'être si occupé. Arrêtez d'être si actif. Arrêtez d'être si 'bon'. Arrêtez d'être si spirituel. Autrement dit, redescendez sur terre un petit moment. Je crois fermement que si quelque chose n'est pas concret, alors ce n'est pas non plus spirituel. Si cela ne marche pas, Dieu n'est pas dans l'affaire. Trouvez ce qu'il a écrit pour vous dans son livre et ensuite faites ce que vous êtes appelé à faire d'une façon concrète.

Vous vous demandez peut-être, "comment puis-je connaître la volonté de Dieu pour ma vie ?". C'est le thème du chapitre suivant.

Chapitre 19

Un sacrifice vivant

Nous allons maintenant explorer un aspect essentiel de notre réponse au choix de Dieu qui nous permettra de découvrir ses desseins pour nous et de vivre en conséquence. Pour cela, nous allons examiner les six premiers versets de Romains 12. Le premier verset contient le mot 'donc'. *Je vous exhorte donc...* Souvenez-vous que quand vous trouvez un 'donc' dans la Bible, il est important de trouver pourquoi il est là. Parce que c'est le lien avec quelque chose qui a été dit avant.

Pour vraiment comprendre ce 'donc', nous devons avoir une compréhension de la progression du livre des Romains. La structure du livre peut se résumer de la façon suivante:

• Les chapitres 1 à 8 présentent la base de la doctrine chrétienne. C'est la présentation intellectuelle systématique des vérités fondamentales de l'Evangile de Jésus-Christ.

• Les chapitres 9 à 11 sont des sortes d'excursus ou discussions centrées sur la façon dont Dieu traite Israël. On y trouve aussi une explication de la raison pour laquelle Israël a été mis de côté pour un temps, ainsi qu'une affirmation selon laquelle Israël va se réconcilier avec Dieu à la fin. C'était si extraordinaire qu'Israël ait été mis à part pour un temps que Paul a jugé nécessaire d'écrire trois chapitres à ce sujet pour expliquer la situation.

• Les chapitres 12 à 16 contiennent essentiellement le résultat pratique des vérités fondamentales décrites dans les chapitres précédents, nous aidant à appliquer ces vérités dans notre vie quotidienne. C'est pourquoi le verset 1 du chapitre 12 commence par un 'donc'. Il commence à la lumière de ce qui a été dit dans les chapitres 1 à 11.

Dans Romains 12:1-6, c'est comme si Dieu nous disait "voici ta réponse". C'est ce qu'il attend de nous:

Je vous exhorte donc, frères, par les compassions de Dieu, à offrir vos corps comme un sacrifice vivant, agréable à Dieu ce qui sera de votre part un culte raisonnable. Ne vous conformez pas au siècle présent, mais soyez transformés par le renouvellement de l'intelligence, afin que vous discerniez quelle est la volonté de Dieu, ce qui est bon, agréable et parfait. Par la grâce qui m'a été donnée, je dis à chacun de vous de n'avoir pas de lui-même une trop haute opinion mais de revêtir des sentiments modestes, selon la mesure de foi que Dieu a départie à chacun. Car comme nous avons plusieurs membres dans un seul corps, et que tous les membres n'ont pas la même fonction, ainsi, nous qui sommes plusieurs, nous formons un seul corps en Christ, et nous sommes tous membres les uns des autres. Puisque nous avons des dons différents selon la grâce qui nous a été accordée, (utilisons-les)...

Dieu veut tout de nous

Paul déroule un nombre d'étapes successives et logiques dans ces versets. Dans Romains 12:1 quelle est la première chose que Dieu attend de vous ? Que vous lui offriez votre corps.

La plupart des gens essaient de commencer par le spirituel, mais Dieu commence par le physique. Il dit: "Je veux ton corps avec tout ce qu'il contient. Je veux tout de toi: esprit, âme et corps. Donne-moi le corps et j'aurais aussi ce qu'il y a à l'intérieur."

En plus, Dieu dit : "Je veux ton corps placé sur l'autel *en sacrifice vivant*". Cette direction de Dieu est en contraste délibéré avec les instructions concernant les sacrifices dans l'Ancien Testament où les animaux étaient d'abord tués puis placés sur l'autel. Dieu nous dit: "Je veux que tu mettes ton corps sur mon autel, comme ces bêtes offertes en sacrifice étaient placées sur l'autel dans l'Ancien Testament. Et je veux que tu me présentes ton corps exactement de la même façon que les brebis, bœufs et autres animaux qui étaient présentés sur l'autel à cette exception près: je ne te veux pas mort ; je te veux vivant." C'est la seule différence. Sinon le parallèle est parfait.

Quand Paul a dit que nous devions présenter nos corps comme *un sacrifice vivant...acceptable pour Dieu*, il ajoute *ce qui sera un culte raisonnable*. Je crois qu'on peut paraphraser cette idée: c'est le moins que tu puisses faire à la lumière de tout ce que Dieu a fait pour toi. A la lumière de la vérité de l'Evangile, c'est une réponse raisonnable. Dieu vous demande, -votre corps, votre esprit, votre intelligence, vos talents, tout ce que vous êtes et tout ce que vous avez. Quelle est votre réponse ?

Vous devez les placer sur l'autel.

L'autel donne de la valeur au sacrifice

Pour avoir une meilleure vision de l'autel, examinons rapidement une belle illustration qui se trouve dans Matthieu 23. Dans ce passage, Jésus reprend les responsables juifs religieux pour leur interprétation insensée de l'Ecriture. Ils disaient par exemple que si on jure par l'autel du temple, cela n'a pas d'importance ; vous n'êtes pas obligé de respecter votre promesse. Mais si on jure par le sacrifice ou l'offrande qui est placée sur l'autel, alors vous êtes engagé. Jésus les réprimande en disant:

Aveugles ! Lequel est le plus grand, l'offrande ou l'autel qui sanctifie l'offrande ? (Matthieu 23:19)

Remarquez que ce n'est pas l'offrande qui donne de la valeur à l'autel. C'est l'autel qui donne de la valeur à l'offrande. L'offrande ne sanctifie pas l'autel ; l'autel sanctifie l'offrande qui est placée dessus. Ainsi, quand vous placez votre corps sur l'autel de Dieu, l'autel le sanctifie. Tant que vous demeurez sur l'autel, vous êtes sanctifié par l'autel. Mais faites bien attention à ceci: si à un moment donné vous enlevez votre vie de l'autel de Dieu, en décidant de suivre votre propre chemin, de faire vos propres choix, et de vous faire plaisir, vous perdez le contact avec l'autel. Vous perdez votre sanctification parce que l'autel sanctifie l'offrande qu'il porte.

Vous devez être reconnaissant envers Dieu parce qu'il vous accepte. Vous ne faites pas une faveur à Dieu en lui offrant votre vie. Dieu vous fait une faveur en acceptant votre vie. Et il l'accepte non pas sur la base de ce que vous êtes, mais sur la base de l'autel sur lequel vous offrez votre vie, qui est *Jésus-Christ et Jésus-Christ crucifié.* (1 Corinthiens 2:2)

Renouveler votre intelligence

Nous allons ensuite regarder Romains 12:2: *Ne vous conformez pas au siècle présent mais soyez transformés par le renouvellement de l'intelligence, afin que vous discerniez quelle est la volonté de Dieu, ce qui est bon, agréable et parfait.* Que se passe-t-il quand vous mettez votre corps sur l'autel ? Votre intelligence est renouvelée. Votre façon de penser change. Vos attitudes mentales, vos ambitions, vos relations, vos évaluations, et vos standards sont transformés. Comme tous ces facteurs changent intérieurement dans votre esprit, toute votre façon de vivre change. Vous ne vous conformez plus au monde, mais vous êtes transformés par le renouvellement de l'intelligence.

Voyons le modèle de vie dans le monde tel qu'il est présenté dans 1 Jean 2:15-17. Les versets 15 et 16 décrivent l'attitude de l'homme charnel. Le verset 17 décrit l'esprit et l'attitude d'une personne qui a été renouvelée dans son intelligence par l'offrande de son corps sur l'autel.

N'aimez pas le monde ni les choses qui sont dans le monde. Si quelqu'un aime le monde, l'amour du Père n'est pas en lui ; car tout ce qui est dans le monde, la convoitise de la chair, la convoitise des yeux et l'orgueil de la vie ne vient pas du Père mais vient du monde. Et le monde passe et sa convoitise aussi, mais celui qui fait la volonté de Dieu demeure éternellement.

(1 Jean 2:15-17)

L'esprit charnel est occupé par *la convoitise de la chair, la convoitise des yeux et l'orgueil de la vie.* Il est occupé par des choses qui sont temporaires. -qui ne subsistent pas, qui sont éphémères- des choses qui n'ont pas de valeur réelle ni permanente. Mais quand vous êtes renouvelé dans votre intelligence et que vous commencez à faire la volonté de Dieu comme il l'a révélée à votre intelligence renouvelée, alors vous *demeurez éternellement.*

N'est-ce pas un passage merveilleux ? Pourquoi ne pas prendre un moment pour le lire à haute voix ? *Mais celui qui fait la volonté de Dieu demeure éternellement.*

J'aimerais vous dire quelque chose qui va grandement vous encourager. Quand vous faites la volonté de Dieu, vous êtes inébranlables. Rien ne vous résiste. Vous êtes indestructible. Rien ne peut se mettre contre vous quand vous faites la volonté de Dieu.

Comme il est donc important de trouver la volonté de Dieu et de l'accomplir ! Comment pouvez-vous trouver la volonté de Dieu ? Offrez vos corps comme un sacrifice vivant devant Dieu. Quand vous offrez votre corps, votre esprit est renouvelé. Et quand votre intelligence est renouvelée, vous pouvez trouver la volonté de Dieu.

Trouver la volonté de Dieu

La dernière partie de Romains 12:2 nous aide à voir certains aspects importants de la volonté de Dieu:

... mais soyez transformés par le renouvellement de l'intelligence afin que vous discerniez (trouviez en expérimentant) *quelle est la volonté de Dieu, ce qui est bon agréable et parfait.* (Romains 12:2)

Soyons honnêtes. L'ancienne intelligence non renouvelée ne peut trouver la volonté de Dieu. Pourquoi ? Parce que Paul dit dans Romains 8:7 que *l'affection de la chair est inimitié contre Dieu.* Dieu ne révèlera tout simplement pas sa volonté à l'esprit charnel. Mais quand votre intelligence a été renouvelée, elle commence à expérimenter ce qu'est la volonté de Dieu pour votre vie.

Vous découvrez la volonté de Dieu pour vous en trois étapes progressives: (1) bonne, (2) agréable et (3) parfaite. Quand vous êtes en parfait accord avec la volonté de Dieu, il pourvoit dans chaque détail de votre vie. Aucun petit détail n'est oublié dans le plan parfait de la volonté de Dieu. Mais il faut le renouvellement de l'intelligence pour trouver la volonté de Dieu. En marchant dans la volonté de Dieu, vous n'entrez pas immédiatement dans la perfection de sa volonté. Tout d'abord, elle est bonne ; puis elle est agréable et dans son accomplissement, elle est parfaite.

Marcher dans votre mesure de foi

Romains 12:3 nous montre l'étape suivante à franchir quand nous avons découvert la volonté de Dieu:

Par la grâce qui m'a été donnée je dis à chacun de vous de n'avoir pas de lui-même une trop haute opinion mais de revêtir des sentiments modestes (humbles) *selon la mesure* (proportion) *de foi que Dieu a départie à chacun.*

Dieu vous a donné la mesure de foi nécessaire pour faire sa volonté. Souvenez-vous que Dieu ne vous a pas donné la mesure de foi nécessaire pour faire autre chose que sa volonté pour vous. Dès que vous avez trouvé la volonté de Dieu, un équilibre entre la volonté de

Dieu et votre foi se fait. Si une personne est toujours en train de lutter pour la foi pour accomplir ses activités, c'est une preuve à peu près certaine que cette personne ne marche pas dans la volonté de Dieu. Ce passage dit clairement que quand vous avez trouvé la volonté de Dieu, la première chose que vous réalisez c'est que Dieu a déjà déposé en vous une mesure de foi égale à la tâche qu'il veut que vous accomplissiez.

Il y a quelques années, ma première femme, Lydia, a déménagé à Jérusalem, en Israël, sans aucun soutien. Elle laissait un bon foyer et un travail stable au Danemark. Une fois en Israël, Lydia a commencé à prendre une petite fille abandonnée. En tout, elle a élevé soixante-dix enfants sur plusieurs années- pratiquement sans argent. Quand elle a pris son premier bébé, Lydia avait environs six dollars en poche. Elle n'avait ni berceau ni couchage. Elle a simplement ouvert sa malle en osier, l'a recouverte d'habits, a enveloppé le bébé dans un pull en laine et l'a mis dans la malle. C'est ainsi que Lydia a commencé son orphelinat. Elle a passé de nombreuses nuits debout dans la prière pour recevoir le petit déjeuner des enfants pour le lendemain.

Quand Lydia et moi avons projeté de nous marier je me suis dit: "Je ne suis pas certain d'être apte à ce genre de vie. Je ne sais vraiment pas si j'ai ce genre de foi." Je me souviens que le Seigneur m'a parlé doucement pour répondre à cette question: "Tu n'as pas besoin de ce genre de foi parce que je ne t'ai pas demandé de vivre comme ça. Je t'ai donné la foi pour ce que je veux que tu fasses."

Lydia m'a souvent dit dans les années qui ont suivi notre mariage: "Je ne le referai pas aujourd'hui." Pourquoi ? Parce que Dieu ne lui demandait plus de le faire à cette époque de sa vie. Quand Dieu vous demande de faire quelque chose, il vous donne la foi qui va avec. Mais Dieu ne vous donne pas la foi pour faire quelque chose qu'il ne vous a pas demandé.

S'il y a un conflit permanent entre votre foi et ce que vous essayez de faire, alors faites attention, mon cher ami, vous essayez peut-être de faire quelque chose que vous ne devez pas faire. Il est possible que vous n'ayez pas trouvé la volonté de Dieu. La raison en est que vous n'avez peut-être pas été renouvelé dans votre intelligence. Si c'est le cas, vous n'avez pas encore offert votre corps sur l'autel.

Etre un membre du corps de Christ

Aux versets 4 et 5 de Romains 12, nous arrivons à l'étape qui suit la reconnaissance de notre mesure de foi:

Car comme nous avons plusieurs membres dans un seul corps, et que tous les membres n'ont pas la même fonction, ainsi, nous qui sommes plusieurs, nous formons un seul corps en Christ, et nous sommes tous membres les uns des autres.

Vous découvrez ensuite que vous êtes un membre du corps de Christ. Vous avez une place particulière et une fonction spécifique. Il est essentiel de découvrir votre position dans le corps. Il n'y a qu'une seule place où vous pouvez fonctionner correctement et c'est la place où Dieu vous a prévu. Si Dieu a fait de vous une 'main' vous serez en échec si vous essayez de jouer le rôle d'un 'pied'. Si Dieu vous a fait 'œil', vous ne fonctionnerez jamais bien comme 'oreille'. (voir 1 Corinthiens 12:14-27) Vous devez trouver votre place dans le corps. Quand vous découvrez quel membre vous êtes, alors vous travaillerez sans effort, détendu, libre et à l'aise.

Ma main n'a pas de problème pour être une main. Elle apprécie d'être une main. Elle peut faire toutes sortes de choses qu'une main doit faire. Mais si je dis à ma main: "Maintenant, tu dois être un pied. Mets une chaussure et essaie de marcher." Ce seront des problèmes sans fin. Malheureusement, il y a beaucoup de mains qui essaient d'être des pieds dans le corps de Christ aujourd'hui. Il y a beaucoup d'yeux qui essaient d'être des oreilles. La raison à cette situation, c'est que les gens n'ont pas suivi les étapes énoncées dans la Parole pour trouver leur place dans le corps.

Exercer votre don

La dernière vérité que nous étudierons se trouve dans Romains 12, au verset 6: *Puisque nous avons des dons différents selon la grâce qui nous a été accordée ... exerçons ...* (utilisons-les). C'est le moment où les dons entrent en scène -pas au commencement mais en bout de chaîne. Quand vous avez trouvé votre place, quand vous faites votre travail, quand vous remplissez votre fonction, savez-vous ce que vous allez découvrir ? Vous allez voir que les dons dont vous avez besoin sont là pour accomplir le travail.

Ne priez pas arbitrairement: "Seigneur, je veux le don de prophétie" ou "Je veux le don de guérison" ou "Je veux le don d'interprétation". Ce n'est pas ainsi qu'il faut prier. Priez plutôt ainsi: "Seigneur, montre-moi ma place dans le corps de Christ. Montre-moi ce que tu veux que je fasse."

Je vous le dis en vérité, vous aurez à peine à prier pour les dons quand vous aurez trouvé votre place et que vous aurez commencé votre travail. Vous découvrirez à votre grande surprise que les dons viennent en exerçant.

Quand je suis entré dans le ministère de délivrance, deux dons spirituels ont commencé à se manifester en moi sans même que j'y pense. L'un était le discernement des esprits et l'autre la parole de connaissance. (voir 1 Corinthiens 12:7-10) Je me souviens d'un combat pour exercer le ministère de délivrance envers une femme à Denver dans le Colorado en 1964. Plusieurs personnes priaient dans la pièce et je me suis assis à côté d'elle sur le canapé. Elle me regardait impuissante, pitoyable et j'ai senti une réelle compassion pour elle dans mon cœur. A ma grande surprise, je lui ai dit: "Vous avez besoin d'être délivrée de …" Et je lui ai fait une liste de quinze esprits. Je me suis demandé d'où cela venait. Comment est-ce que je savais cela ? Immédiatement, j'ai réalisé que c'était une parole de connaissance.

Je n'ai pas eu besoin de me tourmenter durant cinq jours dans le jeûne et la prière en disant: "Seigneur, donne-moi la parole de connaissance." A un moment donné, j'ai eu besoin de la parole de connaissance pour faire la volonté de Dieu. Dieu l'a vu et me l'a donnée. C'est le bon ordre.

L'ordre logique et divin

Après tout ce que nous avons vu dans ce chapitre, revenons rapidement sur les étapes de notre réponse au choix de Dieu, comme le souligne Romains 12:1-6:

1.   Offrez vos corps sur l'autel de Dieu (Jésus-Christ et Jésus-Christ crucifié). Si vous n'avez jamais franchi ce pas, je vais vous donner l'opportunité de le faire à la fin de ce livre. Vous devriez savoir si vous l'avez fait. Si vous n'êtes pas sûr, c'est que probablement vous ne l'avez

pas encore fait.

2.   En offrant votre corps sur l'autel de Dieu, votre intelligence est renouvelée. Vous commencez à penser de façon complètement différente. En pensant différemment, vous vivez différemment. Vous ne vous conformez plus au monde. Votre attitude est transformée.

3.   La volonté de Dieu pour vous est révélée à votre intelligence renouvelée. Vous découvrez progressivement la volonté de Dieu en trois étapes: bonne, agréable et parfaite.

4.   En découvrant la volonté de Dieu, vous verrez que vous avez la foi qu'il vous faut pour faire sa volonté. Dieu vous a donné une foi proportionnelle à ce qu'il vous demande de faire.

5.   En découvrant la volonté de Dieu, vous trouvez votre place et votre fonction particulières dans le corps de Christ. Vous découvrez quel membre vous êtes et comment vous devez agir.

6.   En trouvant votre place et en commençant à remplir votre fonction, vous vous retrouvez à exercer les dons nécessaires.

Voici l'ordre logique et divin lorsque vous êtes un sacrifice vivant. C'est votre propre réponse au choix de Dieu. Encore une fois Jésus a dit: *Ce n'est pas vous qui m'avez choisi, mais moi je vous ai choisis.* (Jean 15:16) Quand vous réalisez que Dieu vous a choisi, alors vous ne pourrez que répondre de la bonne manière comme nous l'avons vu dans ce chapitre.

Chapitre 20

Façonner votre vie

A partir de ce que vous avez lu dans le chapitre précédent, vous êtes sans nul doute conscient que des changements vont avoir lieu dans votre vie. A mesure que la volonté de Dieu vous sera révélée, vous façonnerez progressivement toute votre vie et votre conduite pour l'accomplir. C'est l'orientation évidente vers votre destin. C'est ce qui donne du sens à la sanctification.

Pour accomplir cette transformation par laquelle vous commencez à atteindre votre but et participez à la nature divine, vous aurez besoin de devenir comme un athlète à l'entraînement. A cet égard, j'aimerais regarder deux affirmations de l'apôtre Paul. Je commencerai par Actes 24:16, l'un de mes versets préférés:

C'est pourquoi je m'efforce d'avoir constamment une conscience sans reproche devant Dieu et devant les hommes.

Trouver et maintenir l'état que Paul décrit demande de l'exercice spirituel comme il est mentionné dans le début de ce verset. Cela demande de l'application.

Regardons ensuite 1 Corinthiens 9 où Paul s'applique à lui-même en tant que ministre de Christ les exemples et les principes tirés de l'expérience des athlètes sportifs.

Ne savez-vous pas que ceux qui courent dans le stade courent tous, mais qu'un seul remporte le prix ? Courez de manière à le remporter. Tous ceux qui combattent s'imposent toute espèce d'abstinences. (versets 24-25)

Toute personne qui veut réussir dans l'athlétisme doit suivre un régime et une discipline stricts.

... et ils le font pour obtenir une couronne corruptible; mais nous, faisons-le pour une couronne incorruptible. (1 Corinthiens 9:25)

Les athlètes luttent pour des couronnes périssables comme les médailles olympiques d'or, d'argent ou de bronze mais nous nous disciplinons spirituellement pour une médaille éternelle une *couronne incorruptible de gloire.* (1 Pierre 5:4)

Paul continue:

Moi donc, je cours non pas comme à l'aventure. (1 Corinthiens 9:26)

Il disait: "Je sais où je vais. Je n'erre pas ici ou là sur le chemin ; je ne vagabonde pas. J'ai un but et j'y cours."

Je frappe, non pas comme battant l'air. (verset 26)

En d'autres termes, "quand je rencontre le diable et ses forces je vise là où ça fait le plus mal. Je ne frappe pas au hasard de mes poings en espérant les toucher."

Mais je traite durement mon corps et je le tiens assujetti de peur d'être moi-même rejeté après avoir prêché aux autres. (verset 27)

Remarquez comment Paul met encore l'accent sur le corps. Vous ne devez pas mépriser ni sous estimer votre corps. Votre corps est le canal de votre esprit et de votre intelligence. C'est un lieu d'habitation, le temple du Saint-Esprit. (voir 1 Corinthiens 3:16 ; 6:19) Vous êtes dans l'obligation de garder ce temple dans le meilleur état possible. Vous avez le devoir de le garder saint, sans le souiller par de mauvaises habitudes ou des excès. Vous ne devez pas vous complaire dans la gloutonnerie ou dans toute autre pratique qui souille et affaiblit le temple de Dieu.

Paul dit en effet: "Je traite mon corps à la façon d'un athlète. Je le soumets. Je ne le laisse pas faire la loi." Juste une petite remarque: Le corps est un bon serviteur mais un maître terrible. Ne laissez jamais votre corps vous dominer. Dominez votre corps.

A cet égard, j'aime les paroles d'un de mes bons amis Don Basham, qui a dit un jour: "Mon estomac ne me dit pas quand je dois manger ; je dis à mon estomac quand il doit manger." C'est exactement ça. Ne laissez pas votre corps vous dicter votre conduite. Nos corps sont de merveilleuses créations. Nous pouvons tous dire avec David: *Je suis une créature si merveilleuse.* (Psaume 139:14) Nous ne devons donc jamais mépriser notre corps. Le corps n'est pas mauvais. Il est bon. Traitez-le en tant que tel. Gardez-le. Et consacrez-le à l'accomplissement de la tâche.

La discipline en réponse

Regardons de plus près le modèle de l'athlète qui se prépare pour gagner une compétition. Son but est de sauter plus haut, de nager plus vite, de courir plus rapidement etc. Comment fait-il ? Il s'entraîne de deux façons: par l'exercice et par la discipline. Nous devons les reconnaître comme des parts essentielles de notre vie chrétienne. Un athlète renonce à tout ce qui l'empêche d'accomplir son but. Il cultive tout ce qui peut l'aider.

Je fais partie du mouvement de pentecôte depuis que je suis chrétien. Pourtant le problème avec les pentecôtistes c'est qu'ils sont tellement attirés par les dons de l'Esprit qu'ils en oublient le fruit de l'Esprit et la discipline spirituelle. Les dons ne sont pas un substitut au fruit.

Jésus a dit: *Vous les reconnaîtrez à leurs fruits* (Matthieu 7:16) non pas à leurs dons. En fait, Jésus a réprimandé ceux qui prônaient l'anarchie et qui pourtant exerçaient les dons spirituels. (Voir versets 21-23.) Il y a beaucoup de personne comme ça aujourd'hui. Elles pratiquent l'anarchie, érigent leurs propres règles, fixent leurs propres standards, ne se soumettent à personne tout en exerçant les dons spirituels.

C'est possible parce que quand Dieu donne un don, il ne l'enlève jamais. Les dons ne sont pas conditionnels. Ce sont des dons absolus et nous sommes responsables de l'usage que nous en faisons. Il y a trois possibilités: (1) Nous pouvons les utiliser correctement (2) nous pouvons ne pas les utiliser et donc les perdre (3) nous pouvons mal les utiliser. Mais nous les possédons toujours et nous sommes responsables devant Dieu de l'usage que nous en faisons.

Vous voyez, nous devons revenir au commencement de la sanctification. Quand je me prépare pour faire la volonté de Dieu, je mets mon corps sur l'autel. Quand je me place comme un sacrifice vivant, mon intelligence est renouvelée et je découvre la volonté de Dieu. Alors je fixe mon but. Je discipline tout mon être pour faire la volonté de Dieu. Dans quel but ? Dans le but de révéler et glorifier le Seigneur Jésus-Christ, celui qui m'a choisi, celui qui m'a sanctifié, celui qui m'a envoyé.

Voulez-vous révéler Jésus ? Voulez-vous le glorifier ? Vous ne l'accomplirez que dans la mesure où Jésus a révélé et glorifié le Père. Vous l'accomplirez en trouvant et en faisant la volonté de Dieu.

Etes-vous satisfait ?

Dieu m'a parlé très clairement il y a quelques années en me défiant directement. J'étais arrivé à un certain niveau d'expérience spirituelle et à ce stade, il m'a demandé si j'étais satisfait. Ou si je voulais aller plus loin. Dieu me pardonne, mais savez-vous ce que j'ai répondu ? *Seigneur, s'il y a quelque chose de plus, je veux aller plus loin.* Après tout, j'étais un prédicateur pentecôtiste à succès ! Je l'avais servi de façon désintéressée en tant que missionnaire. Je suis sûr que Dieu savait tout cela quand il m'a demandé si j'étais satisfait et si je voulais aller plus loin.

Honnêtement, j'étais embarrassé que ma première pensée a été de demander au Seigneur ce qu'il pouvait y avoir de plus. Mais quand Dieu m'a demandé, je lui ai répondu: "S'il y a plus, je veux aller plus loin."

Alors le Seigneur m'a répondu très clairement en me disant: "Il y a deux conditions. Premièrement, tout progrès dans la vie chrétienne se fait par la foi. Si tu ne veux pas aller de l'avant sans la foi. Ensuite, si tu veux accomplir le ministère que j'ai pour toi, il te faudra un corps fort et en bonne santé. Tu prends trop de poids. Tu devrais t'en occuper."

C'était un avertissement opportun et j'étais reconnaissant de le recevoir. Je crois que cela m'a permis d'économiser sur mes factures médicales dans les années qui ont suivies. Je veux insister sur le fait que Dieu m'a montré que mon corps faisait partie intégrante de son plan pour ma vie. Si je ne gardais pas mon corps comme il me le demandait, je ne pourrais pas accomplir ses plans.

Souvenez-vous que même si vous êtes esprit, âme et corps, vous n'êtes pas en trois pièces indépendantes les unes des autres. Vous êtes une entité. Le corps est le récipient qui contient l'esprit et l'âme. Vous souvenez-vous de ce que je vous ai dit plus haut sur ce que Dieu dit: "Donne moi ton vase, et j'aurais le contenu avec? N'essayez pas de lui donner un esprit ou une âme sans corps. Ce n'est pas ce qu'il vous demande. Il vous demande votre corps sur l'autel. Préservez votre corps. Disciplinez votre corps. Consacrez-lui les membres de votre corps. Abandonnez vos membres à Dieu comme des instruments de justice.

Une aide surnaturelle

J'aimerais maintenant vous mettre au défi. J'ai promis à Dieu il y a bien longtemps de ne plus jamais donner juste un enseignement religieux mais de toujours donner l'occasion à mes auditeurs et lecteurs de répondre au message que je présenterai.

A présent mon défi est clair: voulez-vous offrir vos corps comme un sacrifice vivant ?

Si vous voulez répondre à ce défi de façon positive, le mieux est de vous engager envers le Seigneur par la prière. Voici une prière que vous pouvez faire:

Père, je viens à toi dans le nom de Jésus et je t'offre ma vie. Je me place comme un sacrifice vivant sur ton autel. Je déclare que tu es saint et que nul n'est comme toi dans tout l'univers. Tu es un Dieu saint, et je me prosterne devant toi, en reconnaissant ta justice et ta sainteté absolues et ton droit absolu sur ma vie.

Père, parce que tu es saint, tu as demandé à ton peuple d'être saint aussi. Je confesse volontiers que je ne peux pas marcher dans la sainteté par ma propre puissance ou ma force. Même mes plus grands efforts et mes oeuvres ne peuvent rien y faire. Alors je m'abandonne complètement à ta miséricorde et à ta grâce.

Aide-moi Père à marcher dans la sainteté et dans l'obéissance devant toi comme ton fils saint Jésus l'a fait. Remplis-moi de la puissance de ton Saint-Esprit pour vivre comme tu le veux. Père, je remets toute ma vie entre tes mains. Dans le nom de Jésus, amen.

En faisant cette prière, vous avez fait un pas important pour suivre totalement le Seigneur dans une vie de sainteté. Périodiquement, vous aurez besoin de refaire cette prière pour la simple vérité qu'il y aura des moments où vous manquerez le but et où vous échouerez.

Dans ces moments-là, souvenez-vous simplement que notre Dieu est un Père aimant, et que Jésus notre Sauveur, qui sait ce qu'est être un humain, intercède pour nous même maintenant. (Voir hébreux 7:25.) Jésus aussi nous assure que notre aide, le Saint-Esprit nous conduira et nous guidera dans toute la vérité (voir Jean 16:13) nous rappelant constamment ce que Jésus a fait et enseigné. (Voir Jean 14:26.)

Avec ce genre d'aide surnaturelle, vous serez capable de réussir en marchant devant le Seigneur dans la sainteté et dans l'obéissance. Qu'il vous aide dans toutes vos voies. Qu'il vous remplisse de sa puissance à travers ce que vous avez lu dans ce livre. Et qu'il vous bénisse et vous amène à l'accomplissement alors que vous vous mettez à part pour lui et ses desseins.

A propos de l'auteur

Derek Prince (1915-2003) est né en Inde de parents britanniques. Il a étudié le grec et le latin au King's College d'Eton, à Cambridge en Angleterre. Après son diplôme, il a tenu une chaire de philosophie ancienne et moderne au King's College. Il a également étudié l'hébreu, l'araméen, les langues modernes à Cambridge et à l'université hébraïque de Jérusalem. Etudiant, il était philosophe et se proclamait agnostique.

Alors qu'il était dans le corps médical de l'armée durant la Seconde Guerre mondiale, il a commencé à étudier la Bible comme un ouvrage philosophique. Converti par une puissante rencontre avec Jésus-Christ, il en a tiré deux conclusions: Jésus-Christ est vivant ; la Bible est vraie, pertinente et actuelle. Ces conclusions ont changé tout le cours de sa vie, qu'il a consacrée à étudier et à enseigner la Bible en tant que parole de Dieu.

Révoqué de l'armée à Jérusalem en 1945, il se marie avec Lydia Christensen, fondatrice d'un orphelinat dans cette même ville. Par son mariage, il devient immédiatement père des huit filles adoptées par Lydia: six juives, une palestinienne arabe et une anglaise. Ensemble, la famille voit la renaissance de l'Etat d'Israël en 1948. A la fin des années 50, ils adoptent une autre petite fille alors que Derek Prince était principal d'un collège pour enseignants au Kenya.

En 1963, les Prince émigrent aux Etats-Unis et dirigent une Eglise à Seattle. En 1973 il devient l'un des fondateurs d'Intercesseurs pour l'Amérique ('Intercessors For America'). Son livre "Comment façonner l'histoire par la prière et le jeûne" a fait prendre conscience aux chrétiens autour du monde de leur responsabilité de prier pour leurs gouvernements. Beaucoup considèrent que des traductions souterraines du livre seraient à l'origine de la chute des régimes communistes de l'URSS, de l'Allemagne de l'Est et de la Tchécoslovaquie.

Lydia Prince décède en 1975 et Derek Prince se marie avec Ruth Baker (une mère célibataire ayant trois enfants adoptés) en 1978. Il a rencontré sa seconde femme, comme la première alors qu'il servait le Seigneur à Jérusalem. Ruth décède en décembre 1998 à Jérusalem où ils vivaient depuis 1981.

Quelques années avant sa propre mort en 2003, à l'âge de quatre vingt huit ans, Derek Prince exerçait encore le ministère auquel Dieu l'avait appelé en voyageant dans le monde, en partageant la vérité révélée de Dieu, en priant pour les malades et les affligés, et en partageant sa vision prophétique, à la lumière de l'Ecriture. Reconnu internationalement comme un enseignant biblique et un patriarche spirituel, Derek Prince a établi un ministère d'enseignement sur plus de soixante ans qui s'étend sur les six continents. Il est l'auteur de plus de cinquante livres, six cents enseignements audio, et une centaine d'enseignements vidéo dont beaucoup ont été traduits et publiés dans plus de cent langues. Il a été un pionner dans certains enseignements d'avant-garde tels que les malédictions générationnelles, la signification biblique d'Israël et la démonologie.

Le programme radio qui a commencé en 1979 a été traduit en plus de douze langues et continue à toucher des vies. Le don d'expliquer simplement la Bible et d'enseigner de façon claire a aidé aux fondements de la foi de millions de vies. Son approche non dénominationnelle, non sectaire a rendu son enseignement pertinent et utile pour des gens de tous milieux raciaux et religieux. On estime que son enseignement a touché plus de la moitié du globe.

En 2002 il a déclaré: "C'est mon désir et je crois que c'est aussi celui du Seigneur que ce ministère continue l'œuvre que Dieu a commencée à travers moi durant soixante années jusqu'à ce que Jésus revienne."

Derek Prince Ministries International continue à atteindre les croyants de plus de 140 nations avec l'enseignement de Derek remplissant la mission de continuer jusqu'au retour de Jésus. C'est accompli à travers plus de trente bureaux Derek Prince dans le monde y compris en Australie, au Canada, en Chine, en France, en Allemagne, aux Pays-Bas, en Nouvelle Zélande, en Norvège, en Russie, en Afrique du Sud, en Suisse, au Royaume Uni, et aux Etats-Unis. Pour de plus amples informations et les autres localisations dans le monde consultez le site www.derekprince.org.

9 781782 630906